田野考古集粹

吉林省文物考古研究所成立二十五周年纪念

吉林省文物考古研究所　编

文物出版社

目　录

吉林省文物考古的世纪回顾与展望

金旭东

吉林省位于我国东北的中心。东南部属长白山地，海拔一般在1000米以上，间有河谷低地分布。龙岗山脉以东区域临近朝鲜、俄罗斯，是环太平洋文化圈的有机组成部分。长白山地区以长白山主峰为界，向北为图们江流域，与牡丹江流域及朝鲜北部、俄罗斯滨海地区存有一定文化联系；以南地区属鸭绿江流域，与东夷文化关系较为紧密。西部松辽平原位于东北平原的中部，以松辽分水岭为界，北为松嫩平原，南属辽河平原，海拔一般在200米左右。西连内蒙古，北接黑龙江省，地处欧亚草原东部，是欧亚草原文化分布的最东端。吉林中部属第二松花江流域，多山间盆地和河谷平原，海拔大都在500米以下，是长白山地向西部平原的过渡地带。吉林省复杂多变的地貌形态、生态环境的差异及由此产生的不同区域的古代文化在生产、生活方式上的不同特点，是造成吉林省古代文化复杂性和多样性的主要因素。

一

吉林省境内最早的考古活动，可追溯至20世纪初叶日本人鸟居龙藏在吉林的考古调查。20世纪30年代日本侵占东北期间，日本学者在吉林省境内进行了大量的调查与部分试掘工作：三上次男分别调查了吉林市团山子、骚达沟遗址和集安部分高句丽遗迹；藤田亮策对延吉小营子进行了发掘，并调查了大墩台、小墩台遗址；池内宏、梅原末治等对集安高句丽遗迹作了调查、测绘与试掘，其所撰写的《通沟》是这一时期较具代表性的著述。中华人民共和国成立之前，李文信对龙潭山周边区域的调查，以及1948年杨公骥等对西团山墓地的发掘，可视为中国学者在吉林省考古工作的开始。

中华人民共和国成立后，吉林省的文物考古工作得到了飞速发展。经过1960年和1982～1986年两次大规模文物普查，共调查、复查文物遗存6015处，征集、采集了大量的文物标本，编写了全省各市、县文物志48部，并编辑出版了《吉林省志·文物卷》[1]和《中国文物地图集·吉林分册》[2]；1997年对全国重点文物保护单位洞沟古墓群、丸都山城、龙头山墓群、西古城等进行了大规模的调查与测绘，编辑出版了《洞沟古墓群——1997年调查测绘报告》[3]。这几项文物考古基础建设的浩大工程的实施与完成，使我们对吉林省境内不同时期遗存的分布特点、遗址规模和不同文化的概貌有了基本的了解，为吉林省境内的文物遗存的保护与研究打下了坚实的基础。

吉林省考古发掘、调查工作大体经历了三个阶段。

第一阶段：50年代至60年代，试掘调查和小型发掘。本阶段主要以年代学研究、填补区域性考古学遗存的空白为主，发掘集中于西团山文化遗存和高句丽墓葬。

第二阶段：70年代至80年代，侧重于新石器时代、青铜时代及两汉时期遗存的编年分期和专题研究，初步建立起吉林省的考古学文化区系类型框架与编年。

第三阶段：90年代以来，学科目的日趋明确，课题化意识增强，围绕着高句丽文化起源、夫余王城探索、高句丽山城、渤海都城、金代城址研究而进行的万发拨子（王八脖子）[4]、揽头窝堡、汉书、永胜、干沟子墓群、六道沟铜矿址、西古城[5]、二龙湖、东团山、丸都山城、塔虎城、敖东城等的发掘，收获斐然。夫余考古、高句丽考古、渤海考古、金代城址研究体系逐渐形成。

二

吉林省的旧石器时代考古工作是中华人民共和国成立以后开展起来的。近年来考古资料表明，吉林省很可能属于早期人类活动的重要地区之一。1990年在前郭尔罗斯蒙古族自治县王府屯发掘出的属于早更新世的打制石器，特点和性质与河北阳原泥河湾组小长梁及东谷坨旧石器文化相近，年代在距今约100万年[6]。这一发现对于探索吉林省乃至东北地区旧石器时代早期文化和早期人类向北扩散的进程提供了全新的线索。自1951年在长春地区首次发现"榆树人"以来，吉林省的旧石器时代考古工作获得了较大的进展。迄今为止，在长白山地、松嫩平原、辽河平原、西部草原地带均有旧石器时代遗址发现。除蛟河市新春砖厂属旧石器时代中期晚段外，其余均属旧石器时代晚期，年代在距今1.1～7万年。其中，榆树周家油坊和安图石门村发现有人骨化石，分别被命名为"榆树人"和"安图人"。从发现的股骨来看，"榆树人"、"安图人"与我国已知同期人类化石的股骨性状极为相似，属智人阶段晚期。吉林省旧石器时代晚期遗址出土的石质人工制品大致分成两个系统。多数以石片石器为主，石核工具较少，多小型器，特点与周口店第一地点——峙峪系相近。值得注意的是，现有资料已初步显现这一系统间的某些地域性差别，如西部草原地带多见细石器工具，而长白山地黑曜石器发育较好；抚松仙人洞为代表的遗存以形体粗大的砍砸器构成鲜明的自身特点。若以石器组群的平均尺寸来看，与俄罗斯中西伯利亚和滨海地区的几处旧石器晚期文化遗址中出土的石器颇为相近，显示出强烈的地域性特征。近年来，吉林省文物考古研究所与吉林大学边疆考古中心合作，在吉林省东部及东南部发现了一系列以打制黑曜石器为主要特征的旧石器时代地点，其中，面积最大的遗址约100万平方米。

吉林省新石器时代考古起步较晚，自20世纪60年代张忠培先生对吉林市附近发现的"文化一"遗存性质确认之后的二十多年间，多为地面调查。由于缺乏明确层位关系的支持，只能通过简单的类比进行一些年代学的推测。1985年吉林大学考古专业师生对左家山遗址[7]、吉林省文物考古研究所对元宝沟遗址的发掘与研究，大大拓展了人们对吉林省新石器时代遗存的认识。此后，陆续发掘的东丰西断梁山，镇赉黄家围子，长岭腰井子，九台腰岭子、大青嘴、二青嘴、白城靶山墓地，伊通羊草沟、杏山，长春腰红嘴子，公主岭肖家屯，龙井金谷，和龙兴城及通化万发拨子等，基本揭示出吉林省不同时期、不同地域新石器时代遗存的文化面貌，初步确立了吉林省新石器时代的文化编年与谱系框架。

嫩江流域的新石器时代遗存从相对年代上大致可划分为黄家围子类型和以镇赉南岗Ⅱ区F1、F2为代表的遗存两个发展阶段。黄家围子类型的年代约在距今6000～6500年。陶器以烧制火候不高的掺蚌粉筒形罐为主，纹饰多见附加堆纹、戳印纹和压印纹。高度发达的压剥、琢压而成的各类石器，大量的骨鱼镖、锥等反映出渔猎经济在该区域经济生活中占有重要比例。黄家围子类型与昂昂溪文化有很大的一致性，是大兴安岭东麓以细石器、附加堆纹为特征的草原文化系统的重要组成部分。以镇赉南岗Ⅱ区F1、F2为代表的遗存的文化面貌与黄家围子类型十分接近，只是磨制石器数量有所增加，陶器纹饰中新出现了刻划席纹、篮纹及少量之字纹。推测其年代应在距今约5500年。

长白山地图们江流域虽迄今尚未发掘过新石器时代早期的遗存，但现有资料已表明，这一区域有着鲜明的自身文化传统。以金谷遗址、兴城一期为代表的金谷类型可分二期。早期以饰枣核状人字纹、枣核状连点纹筒形罐为主，晚期增加了侈口鼓腹罐、敛口鼓腹罐等，并出现了红衣陶。以黑曜石压剥而成的等腰三角形镞、平底柳叶形镞、刮削器、尖状器是金谷类型石质工具的典型器物。金谷类型的年代约在距今4500～5500年。值得注意的是，兴城一期晚段(金谷类型晚期)与兴城遗址二期(青铜时代前期)的部分遗存有较明确的文化传承关系，这也是目前吉林省境内新石器时代晚期向青铜时代早期文化过渡阶段的最完整的一批资料。总体看，长白山地图们江流域的新石器时代遗存与牡丹江流域、朝鲜北部的同时期遗存有一定的联系，而与威虎岭以西区域殊少共性。

第二松花江流域、鸭绿江流域中上游、东辽河流域(辽河主要支流)及西部草原沙丘地带的新石器时代遗存，在文化面貌上显示出一定的共性。以距今5500年左右为限，前期(距今5500～7500年)陶器盛行各类之字纹；后期(距今4000～5500年)以人字纹构成纹饰主体。这一纹饰演化规律与辽东半岛的黄海沿岸、鸭绿江中下游、下辽河流域大体同步，显示出上述区域在文化关系上的趋同性。从我国北方和东北地区含之字纹遗存的总体分布看，第二松花江右岸和西部草原沙丘地带是这类遗存分布的最东和最北的界线。第二松花江流域的新石器时代文化，以吉林哈达岭为界可分为吉南丘陵和中部平原两个区域。中部平原包括吉林、长春两个地区。在这个区域内的新石器时代文化目前以左家山一期文化和腰岭子类型年代最早，距今约7000～7500年。其他遗存据相对年代早晚，大体可划分为左家山二期、元宝沟类型—左家山三期、伊通羊草沟早段—左家山四期、伊通羊草沟晚段四个阶段。左家山二期距今约6500～7000年，左家山三期距今5500～6000年，左家山四期距今5000～5500年，伊通羊草沟晚段距今约4500年。吉长地区所区分出的五种文化遗存，基本代表了目前吉林省新石器时代遗存的大致年代发展序列。

左家山一期文化主要见于此区域的西部，以饰席纹、席纹与之字纹组成复合纹的筒形罐构成陶器主要特点。同时期的腰岭子类型主要见于此区域的中部，陶器以饰篦点纹、篦点纹与之字纹组成复合纹的筒形罐为代表。该类型出现的规整的之字纹与新乐下层文化基本相同，显示出新乐下层文化对该地区的文化影响。腰岭子遗址发现的大型房址是近年来吉林省新石器时代遗存的重要发现之一。该房址为深地穴式，平面呈圆角长方形，面积达132平方米，中部有石砌圆连环式灶，南边两角有窖穴，未发现柱洞。在废弃堆积中有成堆的小石片和大片兽骨，还发现未石化的猛犸象牙。出土细石器近8000件，很像石器加工厂。左家山二期、左家山三期文化是左家山一期文化的延续和发展，相较而言，左家山一、二期文化联系比较紧密。与左家山二期文化同时的元宝沟类型以大量的扭曲纹、斜线纹筒形罐与其相区别。左家山四期与三期之间存有明显的年代缺环，目前资料无法判定之字纹与人字纹之间是否存有演变关系。中部平原与丘陵地带相衔接的伊通羊草沟、杏山、腰红嘴子、肖家屯等遗址均发现了数量不等的"亚腰石铲"。这类精细的石铲是该区域新石器时代中晚期广泛使用的中耕工具。杏山房址中出土的亚腰石铲，为这一具有地方性特征器物的断代提供了可信的地层依据。吉南丘陵区域区分出的西断梁山一期类型和西断梁山二期类型的年代，分别相当于中部平原地带的左家山三期文化和左家山四期文化，文化面貌和左家山三、四期文化有一定联系，但左家山与东辽河流域和下辽河流域文化联系更为密切。鸭绿江中上游新石器时代遗存仅万发拨子一处经正式发掘，结合调查资料分析，这一区域的新石器时代文化与鸭绿江中下游及辽东半岛的黄海沿岸地区有较大差异。万发拨子一期早段出土的退化之字纹、一期晚段发现的潦草刻划人字纹均带有明显的地域特色。由此推测，鸭绿江中上游长白山地西南部的新石器时代文化应有独立文化发展区域。分布于西部草原沙丘地带的腰井子类型在经济类型上与黄家围子类型较相近，在文化面貌上与左家山二期文化存有较多的共性。居住面以黄白黏土抹平、周边修抹一道鱼脊形突棱的类似蒙古包的房屋是该类型的重要特色之一，年代距今约6500～7000年。

三

约当中原地区夏代纪年内，吉林省进入青铜时代。素面陶器和广泛使用的磨制、打制石器构成了吉林省青铜时代文化的主要特征。目前资料显示，吉林境内青铜制品的较多发现约在西周中晚期，兴盛于战国至汉初。从总体上看，吉林省青铜时代文化多见铸造的青铜短剑、矛、草叶纹镜、扇形斧、镞、小刀等小型制品，未见大型礼器。各区域青铜器的数量与种类也存有一定的差异，东部山地青铜器所见较少，多为镞、小刀类；北部松嫩平原常见环扣、泡形饰等马具；青铜短剑、矛、草叶纹镜、扇形斧较集中出土于鸭绿江流域和第二松花江流域中上游的吉长地区，石质剑、矛、镜、斧范在此区域也屡有发现，是东北地区含青铜短剑遗存较重要的分布区域之一。

吉林省境内已发现的青铜时代遗存有1137处，遍布全省各地。其中以东辽河流域和第二松花江流域分布最为密集。根据已有的考古发现和研究成果，吉林省的青铜时代文化大体分为六个区域。

第二松花江流域大体以吉林哈达岭为界分为南、北两区。北区以长春、吉林为中心，主要有西团山文化、邢家店类型、田家坨子类型三类遗存。西团山文化墓葬中出土的横桥耳壶、侈口罐、半月形石刀和遗址发现的橄榄形腹陶壶、深腹罐形鼎，构成了西团山文化墓葬和遗址的指征性器物群。早期遗存所见竖桥状耳陶壶、分裆鬲显示出该文化与下辽河流域具有一定的文化渊源。西团山文化的石棺、横桥耳壶对吉南和辽北地区也产生了一定的影响。这一文化存在着早晚差别，延续时间较长，年代大约在商末周初至战国末期。其族属，多数学者认为属古代秽族。邢家店类型主要分布于偏北的平原区域，典型遗址有邢家店、王家坨子、北岭等。这类文化流行镂孔豆、竖桥耳或瘤耳陶罐，并以土坑墓与西团山文化形成显著差异。邢家店类型的年代相当于春秋晚期至西汉初期。田家坨子类型遗存发现较少，以鼎、鬲、壶、罐构成基本组合的陶器群具有鲜明的自身特点，但从陶壶、鼎及所饰篦点纹反映出该类遗存接受了西团山文化和汉书一期文化的影响。第二松花江流域的南区为辽源地区和通化地区北部，主要分布着以东丰大架山、宝山下层为代表的宝山文化，陶器以罐、壶、豆为基本组合，有少量陶鼎。其中侈口鼓腹罐、枣核纹喇叭形高圈足豆、长颈鼓腹壶最具地域性特色。该文化在辽北西丰、开原等地亦有发现。宝山文化年代在春秋至战国晚期。地处第二松花江流域南北两区间的东辽河流域的青铜文化较为复杂，大体可分早晚两期。早期的炮台山一期遗存出土的直腹鬲、筒形罐与高台山文化相似。晚期谢家街类型的陶器以罐形鼎、实足根鬲、枣核纹喇叭形高圈足豆、长颈腹壶、筒形罐最为常见。从总体面貌看，既有自身的地域性特点，又含有西团山文化和宝山文化的因素。

吉林省西部、西北部的沙丘地域分布着以高火候的饰篦点纹、刻划纹组成几何图案的筒形罐、长颈壶、带耳鼓腹小罐及彩绘长颈壶、绳纹鬲等陶器为代表的汉书一期文化。该文化的陶器与青铜卧羊牌饰、鹿纹牌饰均富有鲜明的地域性特征，与第二松花江流域中、南部区域的同时期遗存的文化面貌有较大区别，和分布于松嫩平原的白金宝文化应属同一文化系统。

东部长白山地图们江流域的青铜时代遗存，大致划分为柳庭洞类型和兴城文化两类遗存。兴城文化据已有研究成果划分为三期，早期的年代距今约4000年，流行饰齿状花边的素面筒形罐、鼓腹罐、垂腹罐、大型瓮、高足杯及各类黑曜石器。这些文化因素在兴城文化中、晚期有着连续发展过程，并对早期引进铁器时代遗存产生了重要影响。从更广阔的空间看，图们江流域的青铜时代文化与牡丹江流域、朝鲜半岛北部的部分遗存显示出较大的共性。

南部长白山地南坡鸭绿江流域的青铜时代文化，可以通化万发拨子二、三期为代表。第二期的年代在商周之际，出土的矮圈足豆、袋足鬲与辽东半岛同时期遗存风格较为相似。万发拨子三期遗存的发现，是鸭绿江中上游地区青铜时代考古的重要收获，其与万发拨子遗址四期高句丽土著遗存的渊源关系，为高句丽文化起源研究提供了重要线索[8]。

大盖石墓是战国末期至西汉初期鸭绿江流域、第二松花江中上游广泛存在的一种埋葬形式。其中以吉长地区、辽源地区分布最为密集。以火葬、小型冥器、大盖石封墓为基本特征的此类墓葬出土遗物差别较大，文化性质尚待进一步确认。在大柳河和头道江流域，分布约有70座由巨石支立的石棚。这种石棚或孤立或十几座成群立于高山顶上，在东丰县、梅河市常与石棺(椁)或大盖石墓共存。有的学者认为，他们应是貊族的墓葬。

四

战国晚期，中原的燕、赵文化已直达到吉林省中部和南部。在中部东辽河流域，以四平市梨树县二龙湖古城为代表的战国末至西汉遗存，既含燕文化和汉文化的因素，又有浓郁地域性特色的土著文化因素，是一种以中原文化为主体的考古学遗存。这是目前所知地理位置最偏北的一座战国古城，为战国时期燕国的北界树立了鲜明的标尺。赵文化的影响主要见于长白山南坡的鸭绿江流域和第二松花江中上游。1980年至今，陆续在集安、柳河、长白等地发现过赵国的钱币和一批带有铭文的青铜铍、铁铤铜镞、铜戈等。其中，长白县八道沟镇葫芦套发现的刻有"相邦"、"廿年(蔺)相女(如)邦左口厄智治阳"和"肖(赵)"等铭文的长胡三穿青铜戈更是弥足珍贵[9]。

公元前108年(元封三年)，汉武帝在东北部分区域和朝鲜半岛北部设立汉四郡。汉代政治势力直接到达吉林，对这里原有的土著文化产生了强烈而深刻的影响，其最鲜明的标志是铁器很快得到普遍使用。这一点在吉林各地发现的该阶段考古遗存中有相当清楚的反映。吉林省哈达岭以南的吉南地区属汉玄菟郡辖地，通化县赤柏松古城、集安国内城等西汉城址就发现于这一区域。有学者认为国内城为玄菟郡高句丽县治所。吉南地区的汉代土著遗存在接受汉文化影响的同时，仍保持着自身的文化传统。以通化万发拨子四期为代表的遗存陶器以素面夹砂、夹蚌粉陶为主，流行叠唇鼓腹罐、柱把豆。发掘者认为，万发拨子四期为高句丽早期土著遗存。

总体看，吉林省境内吸纳汉文化因素最多、分布最为广泛的，是以吉林市为中心、南界达通化地区北部的夫余文化。目前，该文化已发掘的地点有榆树大坡墓地，吉林帽儿山墓地、东团山古城、泡子沿上层，东丰县宝山上层、大架山上层等。榆树大坡墓地和吉林市帽儿山墓地性质基本相同，只是前者年代稍早，约当西汉至东汉初年，后者则大致相当于西汉中晚期至南北朝。此外，二者在墓葬形制、出土遗物等级等方面所反映出的某些差异，代表着大坡与帽儿山墓葬等级的高下之别。根据已有资料，帽儿山墓地范围很大，墓葬分布密集，总数当在七八千座以上。墓群中发现敷有膏泥的单椁、双椁、三椁的竖穴墓，精美的漆奁盒、耳杯、勺、丝织品及铁制生产工具和武器均与中原汉文化相似。具有浓郁地域性特色的素面夹砂陶双桥耳罐、横桥耳斜颈壶是夫余文化墓地陶器群的主要标识。动物形金牌饰、金泡饰、鎏金铜泡、人头形车辖饰、铜釜等则表现出与北方草原地带同时期遗存的某些共性。位于帽儿山西侧的东团山古城，有学者认为属夫余早期王城。现有发掘资料显示，此城确有经夯打的土垣，城内也发现有相当于西汉中晚期的遗存，但城内布局尚不清晰，城址的性质有待进一步确定。相当于这一阶段的遗址经发掘的有宝山上层、大架山上层、泡子沿上层等，其中以大架山上层遗存最为丰富，发掘者将其命名为大架山上层文化。陶器以手制素面夹砂褐陶罐、壶、碗、盆、豆为基本组合，流行斜颈壶、筒形罐、叠唇盆。从墓葬与遗址普遍发现的斜颈壶看，其与松嫩平原青铜时代晚期墓葬出土的同类器具有文化渊源关系。值得注意的是，这类器物的出现与吉长地区和辽源地区土坑墓出现的年代大体吻合，由此推测，夫余文化是源自松嫩平原青铜时代文化，结合吉长、辽源地区土著文化因素，并大量吸纳中原汉文化而形成的一种独具特色的考古学遗存。

吉林省西部松嫩平原地区在吸纳汉文化的影响、开始广泛使用铁器的同时，文化的主体仍保持着固有的文化传统。从汉书二期文化和相当于该阶段的通榆兴隆山、大安渔场墓地所获资料看，这一区域西汉时期遗存承续了松嫩平原青铜时代晚期的文化因素。陶器多泥质红陶，器形以绳纹鬲、船形器和彩绘的壶、罐、碗、钵最富特色。有学者认为这两处墓葬属西汉时期鲜卑遗存，通榆兴隆山年代略早，约当西汉中期，大安渔场的年代则在东汉前后。

五

鸭绿江流域是古代高句丽的发祥地。公元前37年，高句丽建都卒本川(今辽宁桓仁)。公元3年，高句丽迁都国内城(今吉林集安)，并筑有尉那岩城(丸都山城)。至公元427年迁都平壤(今朝鲜平壤)前的425年间，国内城与丸都山城一直是高句丽的政治、经济、军事和文化中心。濒临鸭绿江的国内城是一座石城，周长2741米，有城门6座，四面城墙共有14个马面。据史籍记载，尉那岩城始建于公元3年，公元198年山上王迁都后更名为丸都山城。经实测，丸都山城呈不规则长方形，周长6395米。城内大型官殿址的发现，证实丸都山城不仅为国内城的军事卫城，也可能在东川王、故国原王期间曾作为高句丽王都使用。国内城、丸都山城相距2.5千米，二者相互依附，形成复合式都城，创建了王都建筑的新模式。

调查、测绘资料表明，洞沟古墓群现存墓葬6854座。其中，可确认为王陵12座、壁画墓32座。以国内城为中心，高句丽王陵、王室贵族墓(壁画墓)呈半环状分布，形成了以王都为中心的较完整的王陵区。以禹山2110号王陵为中心的大型陵墓群，包括俗称"五盔坟"与"四盔坟"的两排封土石室墓、四神墓和2112号墓，在葬制上反映了高句丽王室与宗室、亲缘、辈行、尊卑等关系。高句丽壁画多姿多彩的画面和场景，鲜明生动地展示了高句丽社会生活、精神世界、绘画艺术的方方面面。其中1041号墓第一次表明高句丽壁画墓也包括积石墓；而仅以黑墨绘制简洁影作梁枋的1368号墓，则标示了高句丽壁画墓的全新类型。1997年清理的3319号墓发现有"万世太岁在丁巳五月廿日"铭文瓦当，墓内西北砖墙上发现了壁画残迹，初步认定年代为4世纪中期。这一发现对认识高句丽石室墓和壁画墓的起源具有的珍贵价值。50年来，吉林省清理、发掘高句丽古墓约1200座。现有研究表明，高句丽古墓分积石墓和封土墓两类，前者早于后者；积石墓向封土墓的演变大致在4世纪中叶至5世纪前叶，与之相适应的是高句丽墓火葬向土葬的转变。

高句丽遗址和建筑址发掘不多，1959年在集安城东东台子清理发掘的一组建筑群是4世纪末高句丽王室的社稷遗址。相关的遗迹在韩国公州百济都城遗址也有发现，显示出高句丽文化对古代百济的深刻影响。20世纪80年代，我国学者对著名的好太王碑开展调查研究，新识读出碑文67字[10]，被国内外学者誉为开辟了此碑研究的新时期。高句丽遗址只发现万发拨子五期一处，年代约在魏晋之际。这类遗迹具有浓郁的地域性特色，同时融入了中原文化的因素。集安以外的高句丽遗迹多为山城，吉林市龙潭山山城是迄今发现的高句丽最北部的一座山城，年代约在高句丽中晚期。吉林省东部的延边地区、北部的白城地区目前未见确凿的高句丽时期遗存。

吉林省是渤海文化分布的重要区域。多数学者认为渤海"旧国"、中京显德府、西京鸭绿府、东京龙原城址均位于吉林省境内，而且除西京外，都集中分布在吉林东部的延边地区。近年来围绕着"旧国址"敦化敖东城、中京显德府和龙西古城、东京龙原府珲春八连城址开展了系统的测绘调查和发掘工作，取得了重要的收获。和龙西古城、珲春八连城均仿效唐代中原城市布局，都有方正的城垣和整齐的街道，宫苑和官署集中在北部。西古城的发掘纠正了20世纪30年代日本学者对宫殿址布局结构认识的谬误。

迄今为止，共清理发掘靺鞨—渤海时期的墓葬近300座。80年代以来，在第二松花江畔的永吉杨屯、榆树老河深和永吉查里巴清理的一批墓葬，为认识粟末靺鞨在渤海建国前后的变化提供了资料。多数学者认为，渤海是以主要分布在第二松花江流域的粟末靺鞨为主体建立起来的。敦化六顶山墓群和龙头山墓群因为分别发现过贞惠公主墓和贞孝公主墓，并出土有石狮、墓碑和壁画等珍贵遗存被认定是渤海王室贵族墓地。近年来，运用物探等技术，对这两处墓群进行了复查。六顶山墓群可确认的古墓为166座；龙头山墓群保存古墓48座，并在墓群中发现有6处建筑遗址，为研究渤海的陵园制度提供了新线索。1998年清理的龙头山墓群石国墓区1号墓是渤海考古的重要发现之一。石国1号墓是一座在同一封土下包括三个独立墓室的大型石室墓，除中间墓室被盗外，东、西两个墓室出土了相当数量的随葬品。其中，三彩陶俑和绞胎瓷枕是渤海考古中首次发现。三彩陶俑的形制与中原唐代瓷器相同，但发掘者认为，从工艺特点看，应属渤海三彩。

六

吉林省境内辽金时期遗存数量众多，古城多达260余座，是吉林古代城市发展最昌盛的时期。而东部的古城除平原城外，还有一定数量的山城。近20年来，通过对双辽电厂储灰场遗址、德惠后城子古城、德惠揽头窝堡遗址和前郭塔虎城古城的发掘，对金代遗存的认识逐步深入，辽、金遗存的界定标准日渐清晰。

双辽储灰场遗址出土篦点纹、小方格纹轮制灰陶器和崇宁通宝，当属辽金之际的遗存。德惠揽头窝堡遗址多见兽面瓦当、白釉铁花瓷罐、定窑印花瓷碗，年代在金代晚期。2001年发掘的塔虎城遗址表明，此城始建于金代，为元代所沿用。这一发现，对塔虎城属辽代长春州的传统观点产生了巨大冲击，并将由此重新审视吉林境内辽、金古城地理历史研究的坐标体系。

吉林省境内辽代遗存有双辽骆驼岭辽墓、高力戈墓群和梨树县偏脸城址北部的胡家屯墓群。1995年在胡家屯清理的1号辽墓，是吉林省境内首次发现的辽代壁画墓。

七

世纪之交的考古学研究已经引进了多种科技手段和方法，最大限度地获取文物遗存所蕴含的古代人类文明的信息。吉林省考古工作中开展了冶金考古、体质人类学、动物考古、文物腐蚀与保护、石器微痕等多方面科技考古研究，部分研究获得了突破性的进展。在考古发掘中引用全站仪测绘、数字成图及理论布方，采用遗迹电脑绘图和气球低空摄影获取数据，利用电脑对瓷器图案进行提取，完整地保留了原作者的绘画风格，这些科技手段的综合运用大大提高了对于古代遗迹遗物认知的准确程度和表现能力。

冶金考古研究侧重于利用金相显微镜和扫描电镜－X射线能谱仪，对金属文物的微观组织结构和合金成分进行检测分析，探讨金属的加工工艺以及蕴涵的产地信息，加深对工艺技术所代表的生产力发展水平内涵的认识，这些数据成为区域性研究以及构建中国古代冶金史发展脉络的重要基础，有些技术的发现突破了原来依据文献对其产生时间的界定。

多年来，冶金考古研究先后承担国家文物局"八五"重点科研项目"吴国青铜器综合研究"之吴国青铜器金相学及工艺研究，曾获得由国家文物局1999颁发的文物科学进步奖二等奖；中国科学院"九五"重点攻关项目——中国工程技术史大系之《中国古代铸造技术史》一书的部分章节撰写。主持完成国家文物局"文物保护科学和技术研究"课题"高句丽金属器物工艺研究"。在多项国家文物局重点发掘项目中承担冶金考古研究子课题，包括四川重庆云阳旧县坪汉代遗址及吉林省临江唐代铜矿遗址出土冶铜遗物的检测研究；吉林省东丰大架山、宝山春秋至战国晚期遗址、集安丸都山城等4处高句丽遗址以及延边和龙西古城等4处渤海遗址出土铁器的金相及工艺研究；省内出土青铜器、江西新干商代大墓等7个省出土古代青铜器以及中国银行钱币博物馆收藏历代钱币的金相学和工艺研究。

冶金考古研究取得较大突破。吴国高锡含量的青铜兵器铸造淬火结构和越国高锡含量青铜容器热锻淬火结构，这两种金相组织在国内均属首次发现。四川云阳旧县坪汉代遗址出土冶铜遗物中发现了中等品位的冰铜，有关汉代中等品位的冰铜目前尚未见报道，该发现对于研究该地区冶金发展史具有十分重要的意义，并且使得该冶铸遗址在相邻遗址和墓葬聚落系统研究中占有非常重要的地位。魏晋南北朝时期是中国古代钢铁技术重要发展时期，高句丽铁器所用材质包括韧性铸铁、铸铁脱碳钢、熟铁、炒钢，器物制作采用了低碳钢和熟铁锻接、淬火等工艺，技术上与中原地区是一致的[11]。公元3世纪中期至4世纪中期的丸都山城遗址出土的铁镞03JWXT105②:12表面采用了"生铁淋口"工艺，表明这种技术至少在4世纪就已在应用了，较之明代宋应星《天工开物》卷10《锤锻》中的明确记载提前了一千多年，较之已见报道的宋代实例[12]早六百余年。这种与生铁相关的表面强化处理工艺，是中国先有生铁后有锻铁的特色钢铁技术的产物，随着科学检测的铁器数量不断增加以及出土地点更加广泛，必将发现年代更早的应用实例，其应用范围也会逐渐清晰[13]。

冶金考古研究在西团山文化、高句丽文化、渤海文化等方面获得进展。确定了吉林市郊猴石山遗址、骚达沟山顶大棺出土春秋战国时期西团山文化青铜器的合金性质和工艺的地域性特征。集安山城下墓区东大坡356号墓（公元2世纪前后）出土的铜块为氧化矿物熔炼产物，同时出土有炉渣、熔融液体冷却后自然形成的铁块以及铜器、铁镞、铁扒锅、铁带卡等器物，表明至少在这一时期当地已经出现冶金业。具有高句丽特色的铜鍑、铜釜以及鎏金器物的检测数据对于研究高句丽青铜制造业发展水平具有重要学术价值。集安高句丽太王陵（东晋安帝义熙十年即公元414年）出土的部分铁甲片由铸铁脱碳获得的低、中碳钢制成，与徐州狮子山楚王陵出土铁甲片材质和制作工艺相同，与燕下都、河北满城1号汉墓、吉林榆树老河深墓葬、内蒙古呼和浩特二十家子遗址、辽宁桓仁五女山城等地出土并作过检测的铁甲片相比，材质的强度与硬度要更胜一筹[14]。延边和龙西古城渤海遗址出土铁器的材质为熟铁和低碳钢，工匠比较熟练地应用夹钢工艺或将两种不同含碳量的材料叠加锻打，熟铁中具有数量较多的复相夹杂物，是冶炼温度较低的简陋生产条件的产物，与中原地区已经检测的汉魏时期铁器质地有很大差异，其他渤海遗址发现了液态生铁冷却之后形成的小块的白口铁，推测渤海国很可能已有冶炼生铁的能力。工匠对所用材料的锻压性能以及热加工、渗碳、淬火等工艺有比较成熟的经验[15]。

金相检测揭露出青铜器、铁器的腐蚀状况，通过探讨漫长历史时期腐蚀青铜器中铜晶粒析出形成机理[16]、检测铁器的腐蚀产物、分析工艺与腐蚀速率的相关性[17]，使文物腐蚀和保护研究逐渐走向深入。

古代人种学研究已经开展了一些工作，采用体质人类学测量方法以及多变量群集分析等多种统计学方法，对九台关马山战国时期墓葬[18]、农安邢家店北山西汉前期墓葬[19]、通化万发拨子遗址春秋时期土坑竖穴丛葬墓、战国晚期至西汉早中期石棺墓、大盖石墓[20]、前郭尔罗斯蒙古族自治县查干吐末辽代中晚期墓葬[21]、镇赉黄家围子金代墓葬[22]出土人骨进行测量和统计分析以及人种学研究，为探讨东北地区古代居民的体质类型和种属源流积累了重要的科学数据。

在动物考古研究方面，通过对吉林省通化市万发拨子聚落遗址出土的动物骨骼种属进行鉴定，衡量动物的多样性以及不同时期物种的分异度，揭示出聚落遗址各个时期（新石器时代晚期至魏晋时期）食物网络结构，在此基础之上，重建古生态环境以及确定人口变化与生活方式变更之间的关系[23]。

八

随着考古学理论的发展以及新的方法、方法论的广泛应用，21世纪的中国考古学将进入全新的发展阶段。根据以上20世纪吉林考古的回顾总结，本地区应在以下几方面重点突破，使新世纪的吉林考古迈向新的高度。

1. 加强石器时代考古研究，建立吉林旧石器时代文化区系类型框架，注重新石器时代早期遗存的发现与研究。在全省范围内开展旧石器时代遗存调查工作，填补鸭绿江中上游和通化地区旧石器文化研究的空白；应在松嫩平原地区探索早期人类起源的线索，重视吉林省西部地区新石器时代早期和旧石器时代晚期遗存的发现与研究，进而在旧石器时代晚期与新石器时代早期细石器演化关系的研究上有所突破；加强长白山地区洞穴人类化石的发现与研究，建立吉林省古人类研究的坐标体系；积极开展吉林省境内旧石器时代文化与朝鲜半岛北部、俄罗斯滨海地区同期文化的关系的研究工作。

2. 加强青铜时代聚落考古研究和青铜短剑遗存的探索。应在遗址群分布密集、年代框架和文化性质较为明晰的辉发河流域、东辽河流域开展区域考古调查，并对保存情况较好的大遗址进行整体揭露，探寻支撑吉林省青铜时代文化保持稳定、持续发展的社会结构和社会组织的基本形态。注意在东南部区域发现早期青铜短剑遗存的有关线索，探索东北系青铜短剑起源。

3. 高句丽考古历来为东北亚各国所关注，作为吉林省考古工作的重点，其研究工作理应得到进一步加强。应通过一些有重点的地面调查、清理，搞清高句丽王陵的年代、陵寝的布局及相互之间的差异；高句丽文化起源是东北亚学术界关注的热门课题，我们已发掘了几处与高句丽文化起源有关的夫余文化及通化、白山地区的遗址和墓地，但资料尚较缺乏，早于高句丽早期的石筑(土石混筑)山城、积石墓、生活居住址等值得我们高度重视。推进高句丽山城年代、性质等基础性研究，并重点做好高句丽壁画墓的测绘注录和出版工作。

4. 渤海考古研究是吉林省面临的国际化课题之一。弄清渤海文化的起源、渤海文化与高句丽文化的关系、阐明渤海文化在东北亚历史发展进程中所起到的作用，成为东北亚学者研究的目标。作为渤海文化的重要发祥地之一，早中期都城研究、靺鞨文化向渤海文化的转化过程，以及寻找渤海早期王陵应成为吉林省渤海考古工作的重点。

5. 辽金时期是东北地区城市发展史上的重要阶段。以往的工作多以墓葬的发掘和研究为中心，城址的功能、性质、平面布局均较少涉及。今后，应围绕重要城址的城市结构、功能开展有关工作；加强城址群的系统分析，探索时代变迁对城址空间分布所产生的各种影响，进而加深对辽金时期政治制度和经济体系的研究。

6. 重视现代科技手段的应用，是考古学科和文物保护工作的发展方向。在田野考古工作过程中充分利用现代科技手段和方法，积极开展遥感考古、环境考古、动植物考古、体质人类学、古人类DNA和冶金考古方面的研究，获取更多的信息，提高田野考古和文物保护的研究水平。

注 释

［1］吉林省地方志编纂委员会：《吉林省志·文物卷》，吉林人民出版社，1991年。

［2］国家文物局主编：《中国文物地图集·吉林分册》，中国地图出版社，1993年。

［3］吉林省文物考古研究所、集安市博物馆：《洞沟古墓群——1997年调查测绘报告》，科学出版社，2002年。

［4］吉林省文物考古研究所发掘资料。

［5］吉林省文物考古研究所等编著：《西古城——2000~2005年度渤海国中京显德府故址田野考古报告》，文物出版社，2007年。

［6］姜鹏：《吉林前郭王府屯旧石器的发现》，第13届国际第四纪研究联合会大会论文，北京。

［7］吉林大学考古教研室：《农安左家山新石器时代遗址》，《考古学报》1989年第2期。

［8］同4。

［9］长白朝鲜族自治县文物管理所：《吉林长白朝鲜族自治县发现蔺相如铜戈》，《文物》1998年第5期。

［10］a. 王健群：《好太王碑研究》，吉林人民出版社，1984年。

　　　b. 耿铁华：《好太王碑新考》，吉林人民出版社，1994年。

［11］贾莹、金旭东、张玉春、李光日：《丸都山城宫殿址出土部分铁器的金相学研究》，《丸都山城——2001～2003年集安丸都山城调查试掘报告》附录，180～186页，文物出版社，2004年。

［12］柯俊、吴坤仪、韩汝玢、苗长兴：《河南古代一批铁器的初步研究》，《中原文物》1993年第1期，96～104页转87页。

［13］贾莹：国家文物局文物保护科学研究课题"高句丽金属器物工艺研究"之研究报告；贾莹、金旭东、张玉春、于立群：《丸都山城高句丽铁器的金相与工艺》，待刊。

［14］贾莹、张玉春：《集安太王陵出土部铁器甲片金相学研究》，《集安高句丽王陵——1990～2003年集安高句丽王陵调查报告》附录，385～394页，文物出版社，2004年。

［15］贾莹：《西古城城址出土铁器的金属学研究》，吉林省文物考古研究所等编著：《西古城——2000～2005年度渤海国中京显德府故址田野考古报告》附录，350～364页，文物出版社，2007年。

［16］贾莹、苏荣誉、华觉明等：《腐蚀青铜器中的纯铜晶粒形成机理的初步研究》，《文物保护与考古科学》1999年第2期，31～40页。

［17］张玉春：国家文物局文物保护科学研究课题"高句丽金属器物工艺研究"之研究报告。

［18］朱泓、贾莹：《九台关马山石棺墓颅骨的人种学研究》，《考古》1991年第2期，147～156页。

［19］朱泓、王培新：《吉林农安县邢家店北山墓地的古代人骨》，《考古》1989年第4期，368～374页。

［20］贾莹、朱泓、金旭东、赵殿坤：《通化万发拨子遗址春秋至西汉早中期墓葬出土颅骨人种类型的探讨》，《社会科学战线》2006年第3期，286～289页。

［21］贾莹、朱泓：《前郭尔罗斯蒙古族自治县查干吐末辽墓出土人骨研究》，《东北史地》2005年第4期，32～41页。

［22］贾莹：《镇赉县黄家围子金代人头骨的研究报告》，《考古》1988年第2期，151～156页。

［23］D.M.suratissa、汤卓炜、高秀华：《吉林通化王八脖子聚落遗址区古生态概观》，《边疆考古研究》第5辑，257～270页，科学出版社，2006年。

吉林省旧石器时代考古收获

赵海龙

上世纪60~90年代，吉林省境内陆续发现了一些旧石器时代遗址和古人类、古动物化石，如榆树周家油坊、榆树大桥屯等地点。虽然还有"榆树人"、"安图人"化石的发现，及省内诸多流域猛犸象、批毛犀、原始牛等化石的出土，但吉林省的旧石器时代考古研究在国内仍处于薄弱地位。自上世纪90年代开始，吉林省文物考古研究所多次与吉林大学考古学系，吉林大学边疆考古研究中心，以及各地区文物管理单位、博物馆展开合作，在省内又陆续新发现了十几处旧石器时代遗址及地点，使吉林的旧石器时代考古研究迅速进入了新阶段。

这些地点的年代跨旧石器时代中期到旧石器时代晚期，如桦甸寿山仙人洞，蛟河砖厂，长春红嘴子，珲春北山，和龙柳洞、石人沟、青头、大洞，安图砂金沟、石人沟、立新，图们歧新B、C地点以及下白龙、龙井后山，抚松西山，辉南邵家店等等。桦甸仙人洞遗址属石灰岩溶裂隙，1993年对其进行试掘，出土石制品、骨制品、动物化石等。遗址的考古学年代为旧石器时代中期至晚期，绝对年代为距今16万年至3万年。抚松新屯子西山是旧石器时代晚期的一处旷野遗址。2002年10月对其进行小范围试掘，在晚更新世晚期的黄色亚黏土中出土大型黑曜石石叶石核1件及碎片共32件。石核长35厘米，重17.5千克，这样的大型石核，在我国以及东北亚地区尚属首例。和龙石人沟属旷野遗址，2004年至2005年陆续对该遗址进行小范围试掘，出土黑曜石制品千余件，其文化特征主要体现为：石叶及细石叶技术的广泛应用，端刃刮削器、雕刻器和尖状器的使用。和龙大洞是一处大型旧石器时代晚期的旷野遗址，该遗址位于中朝界河图们江的左岸二级阶地上，经调查，遗址面积达百公顷，出土以黑曜石为原料的石制品合计约6000余件。该发现为认识该遗址的功能、石制品的制作工艺等方面提供了宝贵的实物资料，对该遗址的进一步深入研究将会在整个东北亚旧石器时代考古研究领域产生重要影响。

上述地点的文化内涵大致可以概括为：旧石器时代中期，以砾石为主要原料，以粗大石器为主要特征；旧石器时代晚期，既有以砾石为主要原料的、以粗大石器为主要特征的遗址，也有以黑曜石为主要原料的、以细小石器为主的、包含石叶及细石叶工艺的旧石器时代晚期文化。以上遗址及诸多地点的发现，不但在空间和时间上填补了空白，也为进一步研究人类迁徙、文化传播提供了重要的物质资料信息。吉林地处东北亚腹地，北、东邻俄罗斯、朝鲜半岛和日本列岛，处在华北、辽东旧石器文化向东传播的路径要冲。吉林省内的旧石器时代考古深入研究将会引发更大范围的国际学术交流，也会促进吉林省旧石器时代考古向更高水平迈进。

1　桦甸寿山仙人洞洞口近景
2　桦甸寿山仙人洞遗址远景
3　和龙石人沟遗址出土雕刻器
4　和龙石人沟遗址出土石叶及细石叶
5　桦甸寿山仙人洞遗址出土骨器
6　桦甸寿山仙人洞遗址出土石器

7 抚松新屯子西山遗址出土大型石叶、石核

8 张森水先生视察工地

9 抚松新屯子西山遗址

腰井子遗址

刘景文

　　腰井子遗址位于长岭县三十号乡腰井子村北的沙岗上。遗址东西长1000米，南北宽70～80米。由于多年风沙剥蚀，中心地带破坏严重。1986年8～9月，吉林省文物考古研究所和白城市博物馆在遗址中部发掘了550平方米，清理房址7座、灰坑1处、墓葬2座。该遗址自身特征鲜明。各房址均未发现墙壁，居住面用白黏土打抹平整，边缘都用白黏土筑成宽7～10厘米、高3～5厘米的鱼脊形矮棱，居住面中部有一近圆形深坑或灶，多无明确门道，似为一种帐篷式的地面建筑。文化遗物十分丰富。堆积中有厚层鱼鳞、鱼骨、蚌壳及多种动物骨骸。有种类繁多、精致的骨器、细石器，磨制石器较少，还有少量制作精良的玉饰。陶器中虽然完整者不多，却有两大陶系，即火候很高的夹砂陶和火候较低的夹蚌粉陶，陶器种类较少，仅有罐、碗、盘等，但纹饰十分丰富，有刻划、压印、戳印等组成的多种纹饰。其时代应为距今6000～7000年的新石器时代文化。

　　腰井子文化的主人应是以渔猎为其主要生活来源的流动部落。这一遗址的发掘，揭示了吉林西北部草原地区一种新石器时代较早阶段的文化面貌，为研究吉林省新石器时代文化类型及周边文化关系，提供了可靠的资料。

1　陶罐
2　陶盘

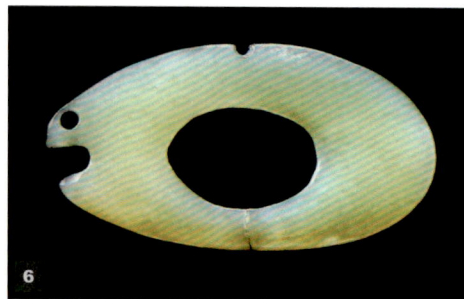

4　玉器、细石器

5　骨器、蚌器

6　鱼形玉器

7　石器、细石器

和龙兴城遗址

刘景文

兴城遗址位于和龙县东城乡兴城村三社东北一座小山的南侧缓坡上。1987年6~9月，吉林省文物考古研究所和延边博物馆对该遗址进行了大规模发掘，连同1986年延边博物馆的抢救性发掘，共发掘面积1300余平方米，清理房址31座、墓葬3座，出土文物1100余件。分为新石器时代和青铜时代两类遗存。

新石器时代房址相对穴壁较浅，柱洞较少，多有门道。其生产工具以打制和打磨合制的大型石器及压制的黑曜石器为主，陶器以火候较低的夹粗砂黄褐陶为主，还有少量高火候夹细砂的磨光褐陶。夹粗砂陶器多为饰有戳印纹和刻划纹组成图案状纹饰的大型器，磨光陶多为饰细刻划、篦点纹组成多种精美图案的小型器。新石器时代遗存可分为早、晚两期，年代应在距今4300~4800年之间。

青铜时代房屋分布密集，有多组打破关系，多为深地穴式圆角长方形，有成排的柱洞，多无门道，应是以木梯出入的窖穴式房址。石器以磨制和琢制的黑曜石器为主，骨角器多较精致，出土较为丰富，陶器以手制、素面、夹砂灰褐陶为主，部分饰齿状花边，器物形制多，富于变化。青铜时代遗存分为三期，年代跨度在距今3200~4000年之间。

兴城遗址的发掘为研究图们江流域新石器时代和青铜时代文化的类型、发展和演变奠定了坚实的基础，为研究这一文化的社会性质、经济类型提供了可靠依据，也是研究周边文化关系的重要资料。

1　兴城遗址全景
2、3　青铜时代房址

4　兴城遗址青铜时代、新石
　　器时代房址打破关系
5　青铜时代陶碗
6　陶塑
7　新石器时代陶罐
8　青铜时代陶瓮

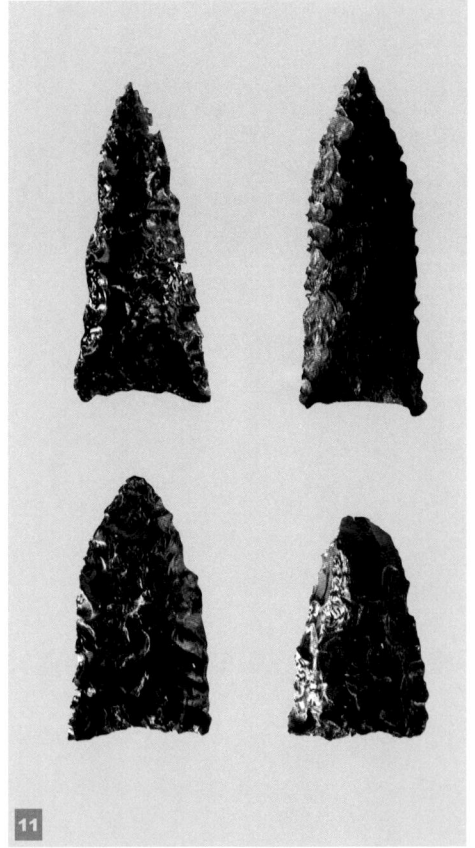

10 黑曜石矛	13 黑曜石切割器
11 黑曜石镞	14 黑曜石切割器
12 黑曜石切割器	15 黑曜石锯

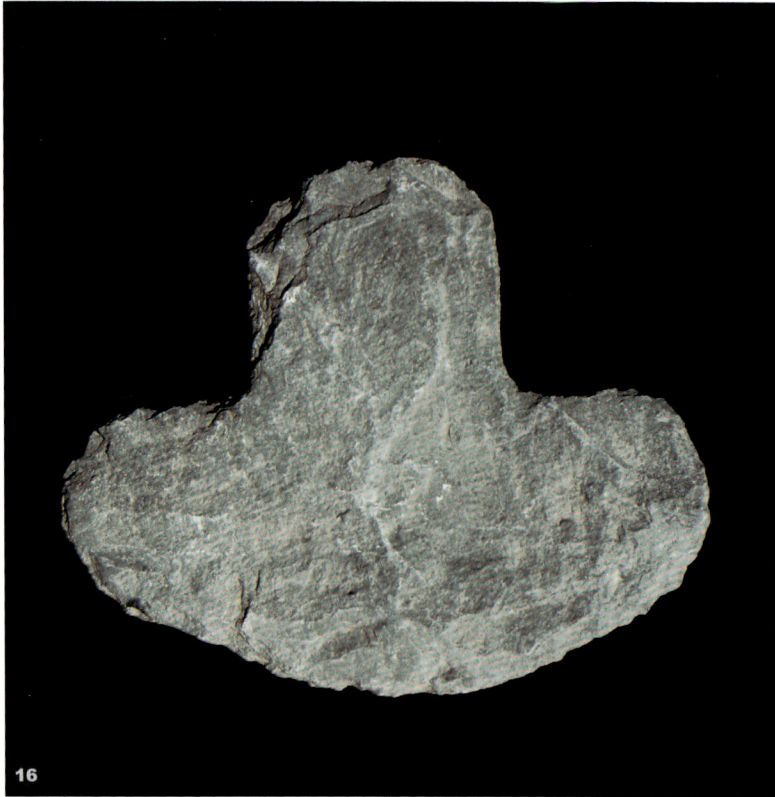

16　石斧
17　石刀
18　新石器时代石锄
19　骨锥
20　梭形器
21　骨针
22　刻花骨管
23　骨匕
24　骨凿

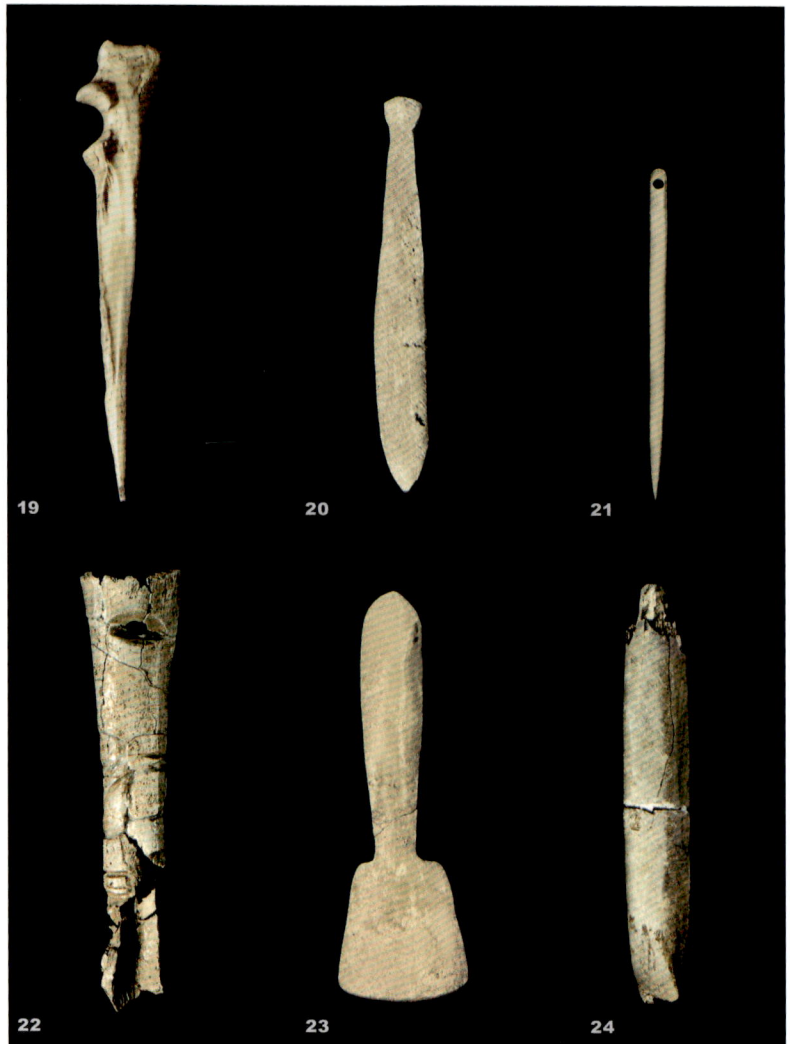

双塔遗址

王立新

双塔遗址位于白城市洮北区德顺乡双塔村三社北侧一条东西向延伸的漫岗上，中心地理坐标为东经122° 57.112′，北纬45° 23.676′，高程149米。此处南距洮儿河4千米，西北距乡政府所在地6千米。德顺乡至双塔村的公路自遗址西缘穿过。该遗址于1960年文物普查时发现，1981年被公布为吉林省文物保护单位。遗物分布范围东西长约1200米，南北宽约200米。由于村民在遗址西部连年取土和整修场院，时有古墓葬遭破坏，经报请国家文物局批准，2007年8~10月，吉林大学边疆考古研究中心与吉林省文物考古研究所联合对该遗址西部有古墓葬暴露的范围进行了抢救性发掘。

本次发掘面积1419平方米。出土遗存可分三个时期。第一期以各探方的第 2 层及其下开口的灰坑、灰沟等单位为代表，陶器以夹蚌砂质灰陶、灰褐陶和黄褐陶为主，器形有敛口鼓腹罐、敞口或直口的筒腹罐、圈足盘、碗、杯等。罐类器器表大部分为素面，多于近口部装饰1~4周不等的压花附加堆纹条带，器物的唇面多有戳印的坑点。多数器物的器表可见明显的泥圈套接法制作留下的痕迹。陶器的总体风格与镇赉黄家围子遗址遗物十分接近。第二期包括 4 座墓葬，皆偏短的长方形土坑竖穴墓，单人仰身曲肢葬，头向西北。随葬品有拍印麻点纹筒腹罐、玉佩、玉环等。年代大体相当于红山文化时期。第三期包括25座墓葬，皆长方形土坑竖穴墓，既有单人葬，又有双人或三人的合葬，多仰身直肢，头向西北。随葬品有罐、壶、钵等陶器，铜刀、铜锥、纺轮、骨镞等工具或武器，耳环、铜泡、铃形饰等服饰品。年代约当春秋晚期至战国。双塔遗址这三期遗存的发现，为建立白城西部乃至科尔沁沙地东部地区汉以前考古学文化的编年序列，廓清相关诸考古学文化的谱系关系，奠定了重要基础；为判断同类遗存年代提供了重要的标尺。出土的大量动物骨骼、蚌壳，采集的孢粉土样、陶罐内土样，对于研究各时期的经济形态与环境背景具有重要学术价值。

1 玉璧
2 双塔遗址第II地点M12
3 双塔遗址2007年发掘全景

4　夹砂红褐陶壶

5　夹砂红褐陶壶

6　红衣陶钵

7　砂质灰褐陶方腹壶

8　双塔遗址第II地点M22

9　双塔遗址2007年发掘场景

汉书遗址

王洪峰

汉书遗址位于洮儿河与嫩江交汇处，地处月亮泡水库南岸的大安县境内，全国重点文物保护单位。分布于嫩江流域的汉书一期、二期文化即据1974年该遗址的发掘而命名。2001年，为减少遗址因月亮泡水浸造成的损失，经国家文物局批准，进行了抢救性发掘。

此次发掘的成果之一是在已知的汉书一期、二期文化之外，新发现了叠压在一期文化之下的汉书下层A、B两组遗存，并清理到一批晚于汉书二期文化的墓葬。其中下层遗存的A组遗存以台底罐、台底钵为特征，属于嫩江流域近年命名的小拉哈文化范畴，年代约当于夏商时期。B组遗存以大袋足鬲、深腹壶为代表，具有辽河、大凌河魏营子类型文化因素，年代约当于商至周初。最上层的墓葬则为一组全新材料，可能是早期契丹人的遗存，年代大致在南北朝时期。

相当于西周时期的汉书一期、二期文化遗存，发现有房址、灰坑、窖穴、墓葬多种遗迹，遗物亦相对丰富，是此次发掘的另一重大收获，为汉书遗址的进一步分期提供了新的资料。

1

2

3

4

5

1　陶塑
2　汉书一期陶罐
3　铜饰件
4　汉书二期红衣碗
5　汉书一期灰坑

6 汉书二期陶鬲
7 汉书下层A组遗存台底罐
8 汉书一期陶钵
9 骨器

红旗东梁岗遗址

李光日

东梁岗遗址位于永吉县口前镇红旗村东北高岗上，当地俗称东梁岗。2002年因工程建设被发现，随即进行了发掘。遗址中既有居址，又有墓葬。居住址位于靠近水源的高埠，皆为半地穴式房屋；墓葬位于遗址的北部，均系石棺墓。

遗址所见陶器大多为手工制作的素面夹砂陶，器物的基本组合为鼎、鬲、盆、罐、钵、碗。墓葬系在土圹中使用板石或块石垒（或立）砌成棺椁（多称其为石棺），以单人葬为主。也发现合葬墓。葬式为仰身直肢，有烧痕，人骨保存较差。随葬品以陶器和石器为主，基本组合是壶、罐、钵、碗。石器多为磨制，有刀、斧、镞等。其中女性通常随葬半月型双孔石刀，男性则以棒状石斧为主，也有部分石镞和石球。

东梁岗遗址是近年来西团山文化遗存中正式发掘的一个遗址。根据既往对陶壶的类型学分析，东梁岗墓葬年代约相当西团山文化的第二期，即西周晚期至春秋。

1　发掘现场
2　石棺墓
3　板耳碗
4　三足钵
5　清理后的墓室

6　双耳陶壶

7　双孔石刀

8　半地穴房址

9　磨制石斧

10　双耳陶壶

11　石镞

王八脖子遗址

安文荣

王八脖子遗址位于通化市金厂镇跃进村，北距通化市3千米。遗址东西长750米，南北宽200米，总面积15万平方米。为探讨高句丽起源，1997年5月至1999年10月，吉林省文物考古研究所对该遗址进行了发掘，发掘面积6015平方米。遗存可分为六个时期，分别相当于新石器时代晚期、商周、春秋战国、西汉、魏晋和明代，包含了新石器时代、先高句丽、高句丽早期土著、高句丽中晚期、满族先世五种遗存。遗迹主要有房址、墓葬和灰坑等。房址属于三个时期——新石器时代晚期、春秋战国时期和魏晋时期。墓葬分为土坑墓、土坑石椁墓、土坑石椁石棺墓、大盖石墓、大盖石积石墓、积石墓、阶坛积石墓等，其年代从春秋一直延续到魏晋时期，虽然中间略有缺环，但基本上建立了从石板墓到积石墓的发展序列。遗址中共出土文物6942件，有陶、石、骨、青铜、鎏金、银、瓷、铁器等。第一期（新石器时代）陶器以筒形罐为主。第二期（商周）陶器以罐、镂孔圈足豆、袋足鬲为基本组合。第三期（春秋战国）陶器以罐类为主，并与陶壶、圈足碗、钵构成基本组合。第四期（西汉）为高句丽早期的土著遗存，陶器以罐、豆、壶为基本组合。第五期（魏晋）属高句丽中晚期土著遗存。该遗址的发掘为建立鸭绿江中上游考古学文化序列、研究东北亚青铜时代以及高句丽起源等诸课题提供了详实的资料。

1 发掘区全景
2 魏晋房址
3 土坑墓
4 土坑墓

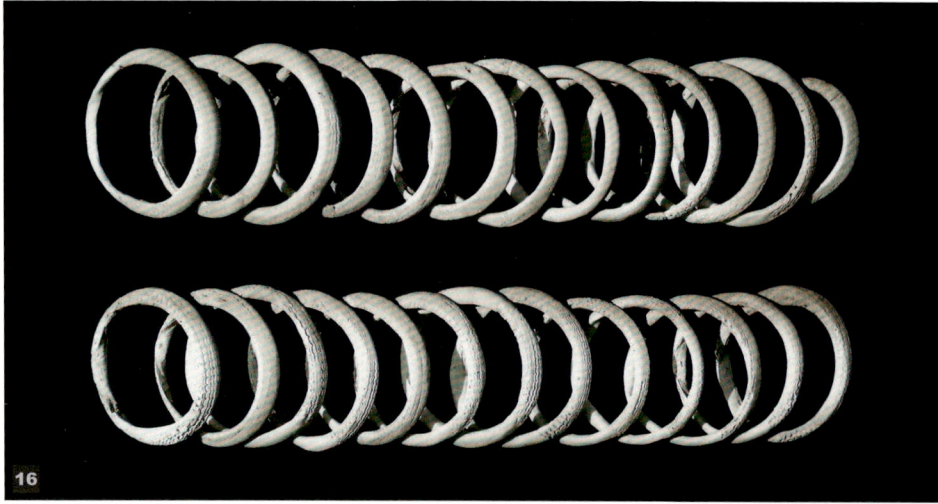

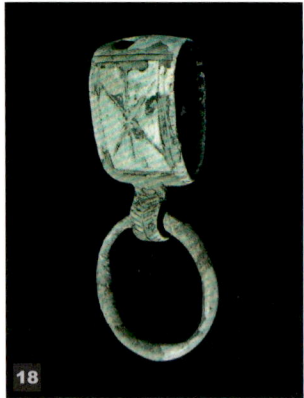

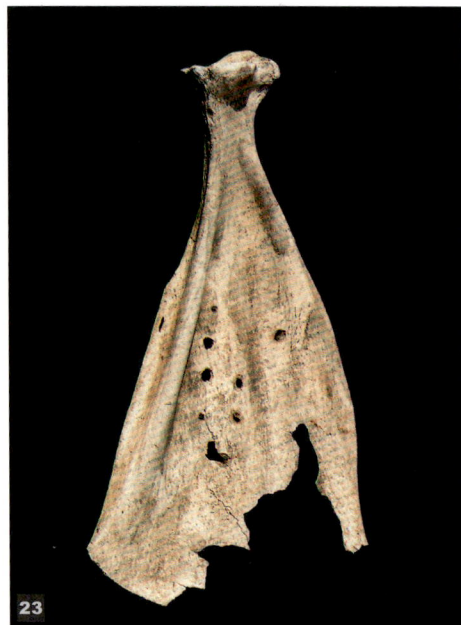

16　蚌饰（青铜）

17　玉锛（青铜）

18　铜活环（明）

19　石戈（青铜）

20　骨鱼钩（青铜）

21　骨针（青铜）

22　银管（明）

23　卜骨（晚商）

后太平遗址

梁会丽

后太平遗址位于双辽市东明镇后太平村，吉林省重点文物保护单位。遗址包含聚落址和墓群，中心地理坐标为北纬43°31′，东经123°43′，高程127.9米。附近与其年代相当或文化性质近似的遗址还有新立乡的大金山遗址，柳条乡的白牛墓地和西山湾子遗址，东明镇的七棵树、盘山、黄土坑、孤家子、东岗遗址，王奔镇的仕家、东贤良、勃山屯遗址等。这些遗址多在东辽河右岸二级台地上，呈东北—西南方向分布，绵延40余千米。

2007年4~11月，吉林省文物考古研究所对后太平遗址进行了全面勘探和部分发掘，并对周边东岗、大金山等遗址进行了小面积试掘。此次发掘面积1500余平方米，共清理墓葬、灰坑、房址、灰沟等遗迹单位75个，时代包括新石器时代中晚期、晚商至春秋、汉、辽、金等。出土陶器、青铜器、骨角器、玉石器等各类遗物1500余件。这些器物中以压印篦点纹陶壶、筒形罐、折腹钵、单耳杯等包含有嫩江流域的白金宝文化因素为重要发现，是迄今所知白金宝文化分布的最南缘。而以束颈素面陶壶和壶形鼎为代表的器物组合与周边同期文化器型存在明显差异，又体现了本地文化的特点。

1 戳点纹壶形鼎（采集）
2 压印篦点纹筒形罐（采集）
3 M15出土陶器
4 墓地全景

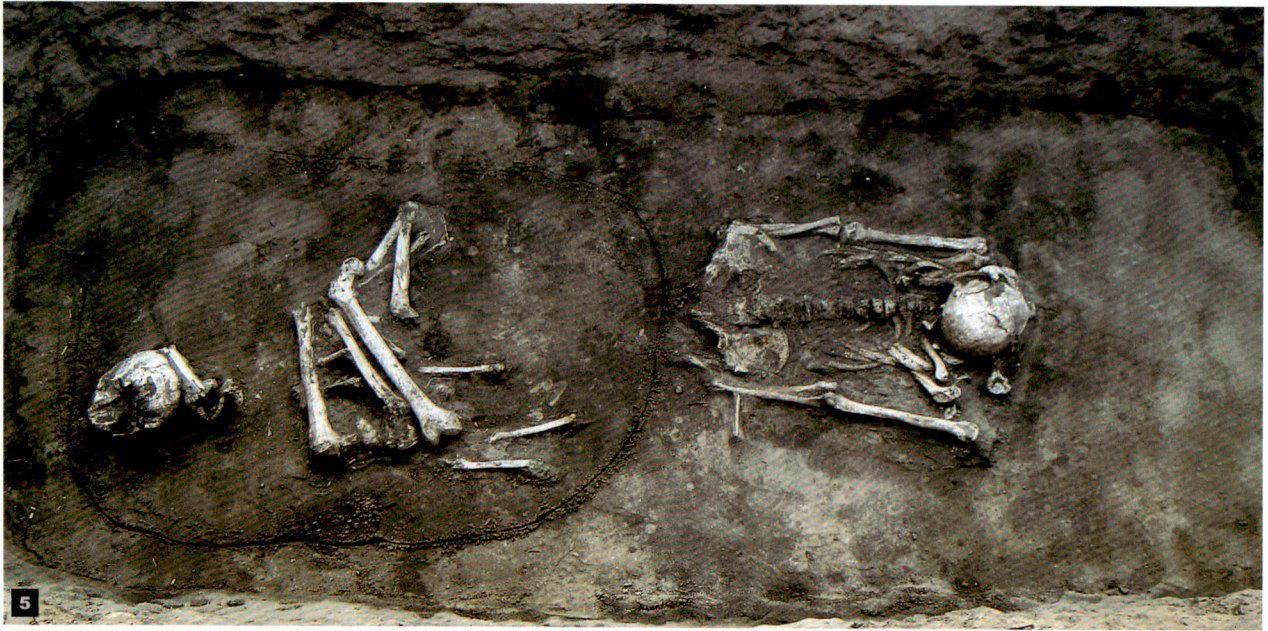

5　M16平面照片

6　M9墓地东北角

7　M9平面照片

8　骨、角镞
9　大金山遗址出土卜骨
10　G8出土陶器

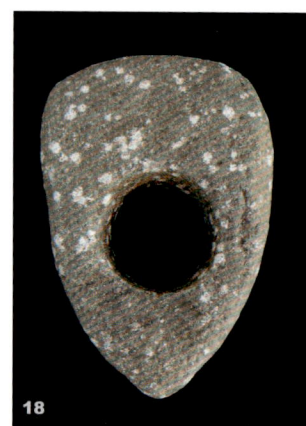

11　M15出土柳叶形铜镞
12　M1出土柳叶形铜镞
13　F2出土陶范（用于浇铸柳叶形铜镞）
14　H2中出土鹿角甲片
15　H7出土鹿角锥
16　H12出土蚌刀
17　M36随葬陶器
18　东岗遗址出土锤斧

干沟子墓群

王洪峰

　　干沟子墓群是鸭绿江上游地区发现的一处汉初墓地，位于长白县十六道沟镇干沟子河沿岸台地上。墓群现存墓葬50余座，2001年吉林省文物考古研究所派员清理过其中9座，现为全国重点文物保护单位。

　　从发掘情况看，9座墓均为多个石坛墓串接组成的集葬墓，与高句丽积石墓有所不同。其墓坛有圆形、半圆和扇形三种，卵石与山石混构，边缘砌筑整齐，有的倚立石条加固。圆坛每墓1个，个别的有2个，位于中间，其上筑3～5个墓圹，圹中人骨经焚烧，两端置随葬品，然后封盖碎石。半圆和扇形坛位于墓两端和两侧，上面均只构筑单圹，葬法相同。整座墓中高外低呈丘状，最大的B区二号墓筑坛17个，总长近30米。

　　墓中随葬品数量多寡不等，陶、石、铜、铁器均属小件器物。陶器均为冥器，夹砂褐陶，制作粗糙，器形以杯、罐为主。铁器数量较少，只见刀、镰。铜、石器多为饰品，其中AM2墓中出土了"半两"、"一化"铜币多枚，可做断代依据。

　　干沟子墓地年代与高句丽建国年代相近，但墓葬形制颇有异处，值得深入研究。

1　干沟子墓群全景
2　串饰
3　陶罐
4　B区二号墓全景

5　陶钵
6　陶罐
7　陶杯
8　铜钱
9　指环
10　A区二号墓主坛解剖

二龙湖古城

王洪峰

二龙湖古城位于梨树县东辽河西岸高埠上，是迄今发现的最北纬度的战国晚期城址。此城为战国七雄之燕国控扼东北的重要据点，全国重点文物保护单位。城址大致呈方形，周长约800米，现东、南二墙保存较好，残高近两米，南墙中部有一门址。1987年调查发现，2002年为制定遗址保护规划，由吉林省文物考古研究所进行了测绘和发掘。

本次发掘面积2200平方米，集中在城内东南角，受现代建筑物限制，未能对城址中心部位的夯土台基和门址开展工作。清理的8座房址均属于有灶台的半地穴式，室内柱洞排列有序，门道向东或向南。

遗物以陶器和铁器居多，铁器中有锄、镰、刀、锼、镞、带钩等，农具和兵器所占比例较大。铜器除饰件外，还发现有燕刀币。相当一部分陶器带有中原文化特征，如圜底釜、矮柄豆、圜底瓮，罐类多饰有绳纹。有的房址居住面上，还发现中原灰陶器物和本地土著的夹砂褐陶器共存的现象，揭示了土著文化与中原文化融合的现象。

1 南城墙
2 发掘现场

3　陶瓮
4　陶壶
5　侈口陶罐
6　环首铁刀
7　陶豆
8　铁镰
9　铁锄

40

赤柏松山城

王义学

赤柏松山城位于通化县快大镇西南2.5千米低矮的台地上，北高南低，地处通化、新宾、桓仁三县交通要冲。山城轮廓呈不规则矩形，周长1051米。城墙沿着台地边缘自然地势夯筑而成，夯层明显，北墙西段则利用山崖断壁作为天然屏障。城门共有4处，其中东墙2处，西、南墙各1处。城墙设有3座圆形角楼。

2005~2007年，吉林省文物考古研究所对赤柏松古城进行考古调查、测绘、勘探和发掘工作。2007年度发掘情况表明，山城内建筑大多集中于中部偏南。其中，较大型房址F3面阔4间，进深1间，墙体为土石混筑，建筑基址周围设有石块垒砌的排水设施。城内出土器物有陶器残片、纺轮、筒瓦、板瓦、铜镞、铁镞、铁镢、铁锸等。

从出土的粗绳纹瓦、三棱椎形铜镞、铁镢及铁锸可判定山城建于西汉。此次发掘对于了解东北地区汉代郡县设置、探索高句丽文化起源具有重要的学术价值。

1 赤柏松山城出土筒瓦
2 房址
3 赤柏松山城发掘区全景

4 板瓦
5 筒瓦
6 铁插
7 铁铤铜镞
8 铁镢

东团山遗址

唐 音

东团山遗址位于吉林市丰满区江南乡永安村七社，坐落在一座海拔252米、相对高度50米许的椭圆形小山上，并包括其东、南的台地。遗址西侧紧邻第二松花江右岸，东北距龙潭山高句丽山城2.5千米，东距帽儿山墓地1千米。遗址发现于20世纪40年代，主要包括东团山山城、东团山平地城及城外遗址。2001、2002年及2007年，吉林省文物考古研究所对东团山遗址进行了较系统的考古调查、钻探和发掘。

山城由三道环形城墙组成，最内侧的城墙局部遭到破坏，中、外墙保存尚好。东团山平地城现以东、南两侧城墙保存尚好，北侧伸至居民区，城墙无存，仅见高台；西侧由山城及松花江组成天然屏障，未筑城墙。在三个年度的发掘工作中，共计发掘面积6000平方米，解剖城墙遗迹5处，获得了大批实物资料和历史信息。遗址文化内涵主要以西团山文化晚期及汉—夫余遗迹、遗物为主。所见遗迹主要有半地穴式房址、方形或圆形窖穴、灰坑，其中夫余陶器的基本组合为高领环耳壶、侈口束颈筒形罐、柱把豆及碗、盆等。陶质以夹砂褐陶和灰色泥质陶为主，从中可见土著文化和中原文化的交融。

1 夫余陶壶
2 东团山遗址远景

3~5 夫余陶豆
6 汉、魏房址
7 东团山山城城墙

44

帽儿山墓群

刘景文

　　帽儿山墓群分布于吉林市东郊的帽儿山、南山、西山、龙潭山等松花江东岸的多处山岭坡地上。

　　1989~1993年和1997年,吉林省文物考古研究所在该墓群的不同墓区进行了断续六年的钻探、发掘。共发掘墓葬160余座,并发掘了几处文化面貌相同的遗址,出土文物1000余件。发掘的墓葬种类繁多,主要分为:第一类为浅穴土圹无葬具墓,其数量较少。葬式多为单人仰身一次葬,随葬品亦少。第二类为浅穴土圹木椁墓,木椁腐朽严重,以薄木方构筑,椁周有一薄层白膏泥。多为单人一次葬,随葬品较丰富。第三类为深穴土圹木椁墓,发现最多,结构复杂。木椁多用厚重的木方以半榫卯结构构筑,椁内外均填抹厚厚的白膏泥。随葬品原应极为丰富,惜多被盗掘,所遗寥寥。第四类为深穴石圹木椁墓,发现较少,木椁结构与第三类相同,随葬品丰富。各类墓的随葬品既有差异,又有相同或相近的器类,主要随葬品有陶器、石器、玉器、玛瑙饰品、金银器、铜器、铁器、木器、漆器、丝织品等。

　　根据复原的陶器、叠压打破关系,以及^{14}C的年代测定综合分析,帽儿山墓群各区墓葬有明显的早晚不同,其年代跨度应在西汉后期至魏晋。这次发掘为深入研究这一墓群的分布、墓葬的结构、埋葬习俗乃至分期,提供了详实的资料。由于墓群中许多典型器物与已确认的古夫余遗存(如榆树老河深)基本一致,故其中大部分墓葬应为夫余文化的范畴,从而为深入研究夫余文化提供了又一批宝贵资料。

2　墓葬发掘场景　　7　玛瑙珠
3　铜车马具　　　　8　银耳饰
4　铜锸　　　　　　9　金牌饰
5　铜釜　　　　　10　金管饰
6　帛画

46

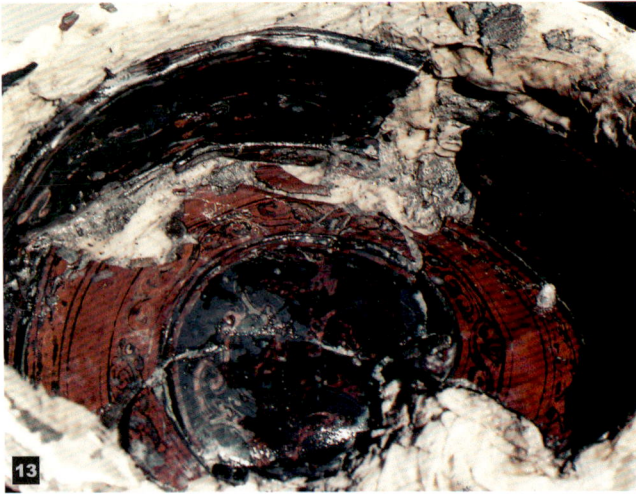

11　花纹砖

12　铁钁

13　漆盘（残）

14　陶豆

15　陶罐

云峰水库淹没区高句丽墓群

安文荣

云峰水库位于吉林省东南部鸭绿江中游,跨临江市苇沙河镇至集安市清河镇的45千米区域。2004年4月,因水库大坝坝体维修,水位下降40米,长期被淹没于水下的大量高句丽墓葬得以暴露。为抢救这批珍贵的文化遗存,5~8月,吉林省文物考古研究所组织省内业务人员对水库右岸区域进行了考古调查和发掘。调查针对新发现的21个墓群共计2753座墓葬,分别作了测绘、著录和拍照。发掘选择了良民、二道沟、猫鹰沟、滴台、王八脖子、二马驹六个墓群,共清理墓葬76座,出土各类文物228件。此次调查发现与发掘的墓葬可分为积石墓和封土墓两类。积石墓有无圹积石墓、积石石圹墓、有坛积石石圹墓、阶坛积石石圹墓、阶坛积石圹室墓、阶墙积石石圹墓、积石串墓、封石石室墓等各种形制。其中大量无圹积石墓的发现是这次调查工作的主要收获之一,填补了高句丽墓葬类型的空白。积石墓的年代自公元前1世纪前后延续到5世纪。封土墓仅封土石室墓一种,其年代应在5世纪前后。

本次发掘出土的文物种类较多,有陶、石、铜、铁、金银、鎏金及玻璃器等,这对研究高句丽生产力发展水平、中原汉文化对高句丽文化的影响具有重要的价值。为探讨和研究高句丽墓葬的起源、发展和演进提供了重要资料。

1

2

3

1　滴台墓群发掘场景
2　双耳陶罐
3　四耳陶壶
4　良民古墓群远景

4

5　二道沟墓群发掘场景　　10　铁镞

6　二道沟墓群无圹积石墓　　11　环首铁刀

7　石湖王八脖子墓群积石串墓　　12　铁戈

8　铁矛　　13　铁削

9　铁镬　　14　铁甲片

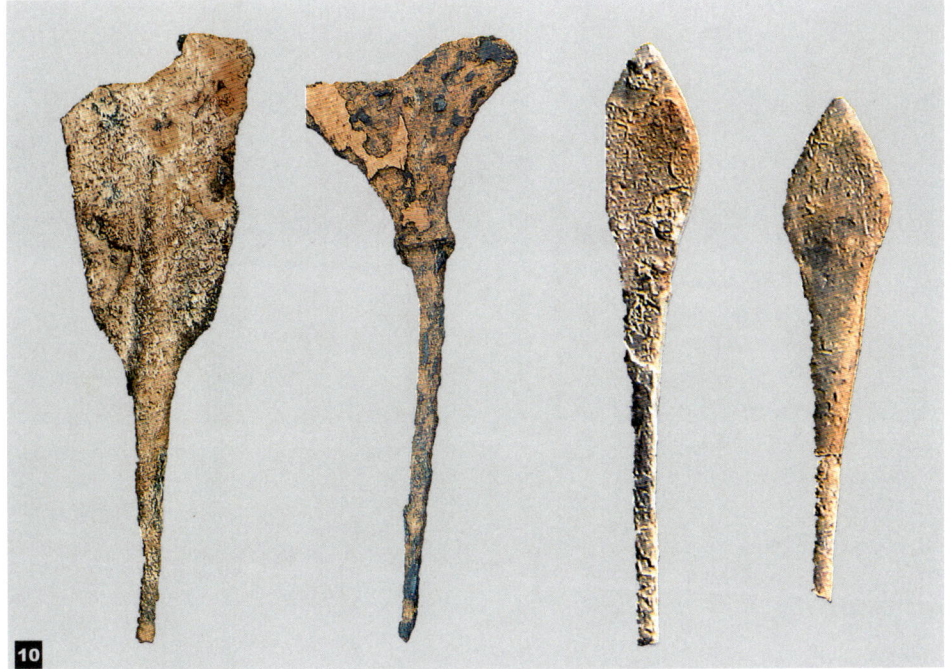

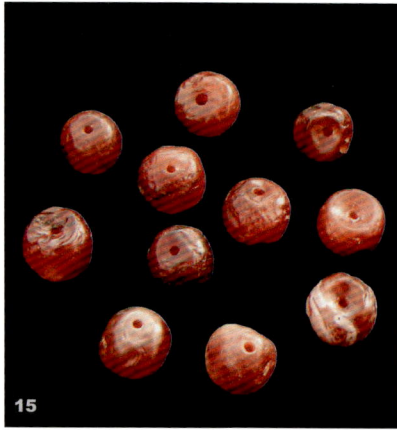

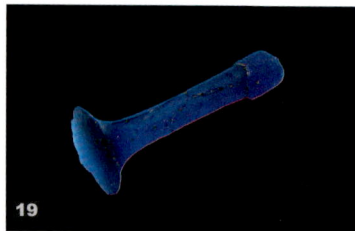

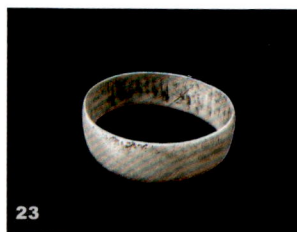

15　玛瑙珠
16　料珠
17　玛瑙管
18、19　耳瑱
20　金耳铛
21　银指环
22　包银环
23　包金环
24　铜镯

集安高句丽王陵

王洪峰

集安一带的高句丽王陵多位于市区周边的全国重点文物保护单位洞沟古墓群中。文献记载高句丽以集安为都425年，其间至少有18王埋葬在鸭绿江右岸的墓群中。现可确定11座，确知1座，比定2座。2003年在实施"高句丽王城、王陵及贵族墓葬"申报世界文化遗产工作期间，对其中10座王陵进行了考古勘查、测绘和外围清理，取得了丰硕的成果。

确知和确定的高句丽王陵以其形体巨大、独处矗立、陵域广阔、瓦砾遍布为主要特征，绵延分布在长10余千米的鸭绿江右岸谷地，自西向东有西大墓、麻线626号墓、麻线2100号墓、千秋墓、麻线2378号墓、七星山211号墓、七星山871号墓、山城下36号墓、禹山992号墓、太王陵、临江墓、将军坟等。这些陵墓均为石构，因年代不同，其外形有护墙式、阶墙式、阶坛式，墓室有石圹、石室之分，陵域及陵寝遗迹也不尽相同。保存最为完整的将军坟是高句丽石构陵墓的颠峰之作，素被称为"东方金字塔"。

2003年的复查过程中，还在陵墓周边坍塌的积石堆以及石隙中发现了大量文物。其中带有"辛卯年 好太王"刻铭的铜铃是确认高句丽第19代好太王陵墓的重要实物证据；同出的大型铜灶、鎏金铜幔帐架世所罕见；鎏金案足、马具、金饰品等是高句丽王随葬品仅存的精华。其他王陵发现的大型铁镜、鎏金刀鞘、人形铜辖、铭文砖瓦、瓦当等无不具有重要的科学研究价值。

1　太王陵和好太王碑
2　太王陵铜灶

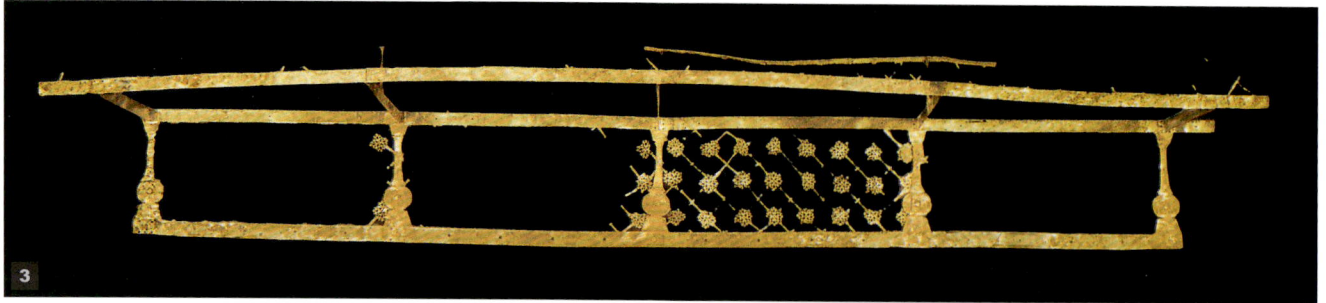

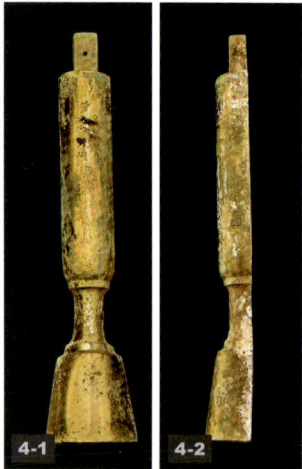

3	太王陵鎏金幔架	9	麻线M2100卷云纹瓦当
4	太王陵鎏金铜案足	10	西大墓卷云纹瓦当
5	太王陵鎏金冠	11	"千秋万岁永固"铭文砖
6	太王陵铭文铜铃	12	"保固乾坤相毕"铭文砖
7	太王陵鎏金马镫	13	将军坟
8	太王陵金饰	14	将军坟一号陪坟

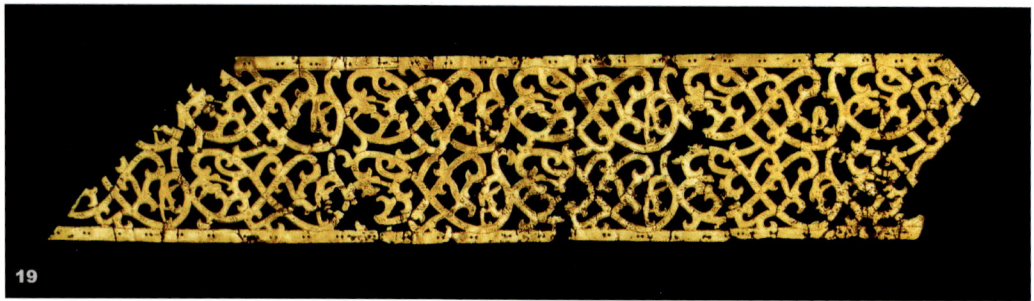

15	临江墓陶罐	20	临江墓人形车辖
16	禹山M2110筒瓦	21	太王陵鎏金马饰
17	麻线M2100鎏金甲片	22	西大墓五联方形饰
18	麻线M2100铁矛	23	七星山M211柿蒂纹饰
19	太王陵鎏金案饰	24	麻线M2100飞马饰

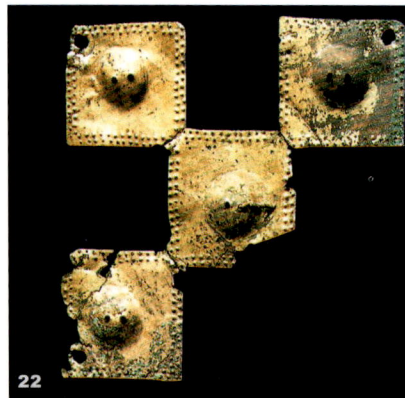

1　丸都山城局部及山城下墓地

丸都山城

李光日

丸都山城是高句丽早中期的都城，始建于公元3年。公元342年前燕慕容皝攻打丸都，山城毁于战火。

山城位于吉林省集安市北2.5千米处的高山上，雄踞于长白山余脉老岭山脉的峰峦之间，诸峰起伏错落，大致围成一个环形的峰岭，山城城墙依自然态势筑于峰岭上。

2001~2003年，吉林省文物考古研究所在集安市博物馆的协助下进行了全面测绘、调查和试掘，先后清理发掘了宫殿址、瞭望台、蓄水池、一号门址（南瓮门）、二号门址、三号门址，获取了大量翔实、科学的数据和一批珍贵的文物。在此基础上，2003年对城内部分遗迹进行了维修。

丸都山城内的建筑依地形而建，整座山城以宫殿为核心，以七处城门为防御重点，充分体现出山城王都和军事守备的布局特色，创立了高句丽山城布局的新模式。

丸都山城出土的大量文字瓦，是极为重要的有关高句丽的文字资料。其中"小兄"铭文的发现，可再次佐证文献中关于高句丽官职的设置。另有众多刻划纹瓦，均代表各自不同意义。形制各异的兽面纹、莲花纹、忍冬纹瓦当在建筑上的组合与共存关系为高句丽瓦当研究提供了可供参考的标尺。城墙、二号门址、三号门址和瞭望台的砌筑风格，反映出高句丽城址建筑的重要年代特征，可作为认定高句丽城址年代的重要依据之一。

4

6

5

7

2　丸都山城远景

3　二号门址及门道两侧墙体

4　檐头脊瓦

5　兽面纹瓦当

6　一号门址全景

7　西城墙墙体

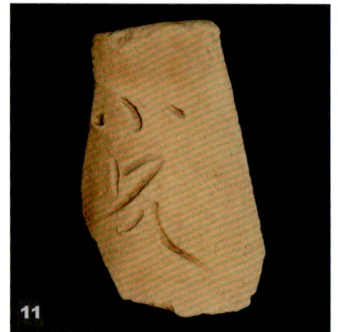

8 丸都山城宫殿址全景（航拍）

9 瞭望台俯视

10 陶罐

11 "小兄"文字瓦

12 铁镞

13 鎏金铜器

国内城

宋玉彬

国内城位于集安市市区内，地处中朝界河鸭绿江右岸的通沟平原中心，鸭绿江由东北流经城址南侧后转而向西南流去，通沟河蜿蜒流经城西汇入鸭绿江。现为全国重点文物保护单位。

2000、2001年，配合城市改造，吉林省文物考古研究所对国内城进行了抢救性考古发掘。2003年，吉林省文物考古研究所对国内城北、西城墙进行了考古清理，对城内进行了小区域发掘。

通过开展考古工作，了解掌握了国内城城墙的结构、营建特点。其中北墙西门的确认，弥补了文献记载的疏漏，拓展了学术界探索国内城布局的研究视野。历年发掘地点遍布国内城的多个区域，基本廓清了国内城城区内文化堆积的性质与内涵，为国内城的断代提供了基础资料。揭露的遗迹现象、获取的遗物表明，高句丽人应该是国内城最早的居住群体，而既往曾怀疑城内原有汉玄菟郡遗迹的观点尚无考古证据。国内城出土的生活类遗物、建筑构件，一方面体现了浓郁的高句丽文化的鲜明特色，另一方面也折射出中原文化与之交融的诸多因素。

1 整治后的西墙
2 西城墙马面
3 龙纹砖

4　兽面纹瓦当　　6　卷云纹瓦当　　8　北墙西门址

5　莲花纹瓦当　　7　忍冬纹瓦当

9~11　青瓷罐
12　陶罐
13　釉陶奁

14　青瓷双口罐

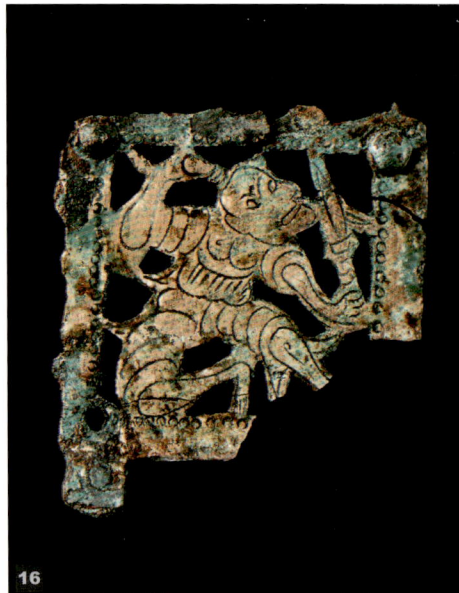

15　铁矛

16、17　鎏金青铜牌饰

18　铁镞

19　链形锤

64

集安高句丽壁画墓

傅佳欣

集安高句丽壁画墓位于高句丽故都集安国内城周边，散落分布在全国重点文物保护单位洞沟古墓群的七个墓区。迄今已发现近30座，年代跨4世纪中晚期到7世纪初。壁画墓是高句丽贵族墓葬的重要组成部分，墓中的壁画是高句丽学习中原丧葬礼仪保留至今的珍贵图像资料。20世纪初被学术界著录时仅有数座，新中国成立后陆续发现多座，有的尚有少量随葬品。

根据目前的发现与研究，集安高句丽壁画墓可分为四期。一期墓葬多有侧室或耳室，壁画内容以写实的人物风俗和神仙为主要题材，如角抵墓、舞踊墓。二期墓葬多双耳室，主壁壁画依然是写实场景，兼有图案，如麻线一号墓、马槽墓、王字墓。三期墓葬有横长形前室、单室，壁画神仙内容增多，图案渐占主导，题材有莲花、飞天等，如莲花墓、龟甲墓、长川一号墓等。四期墓葬皆单室抹角叠涩顶，壁画不同于前期绘于白灰地仗上，而是绘在石壁上。主壁均为四神，梁枋绘行龙，宗教神秘色彩浓重，如四神墓及五盔坟四、五号墓等。

1　角抵北壁侍女
2　角抵图
3　角抵墓北壁

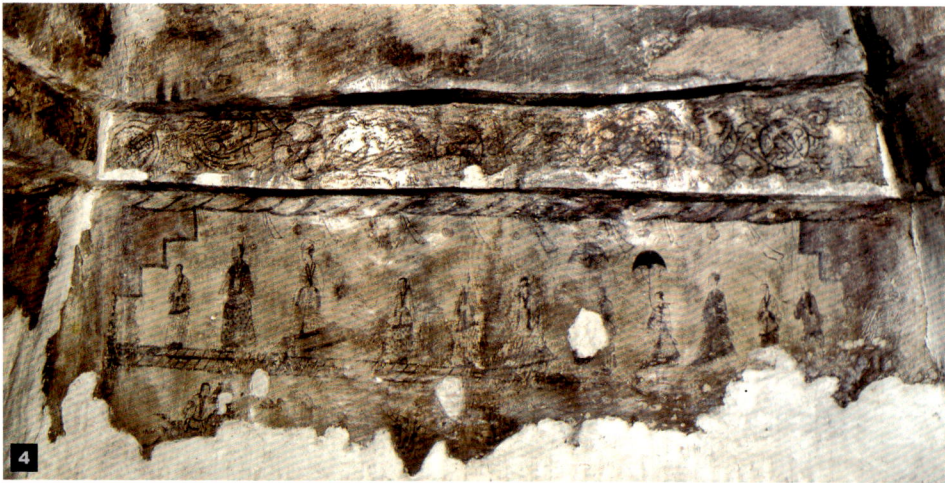

4　三室墓一室出行图
5　舞踊墓南藻井
6　舞蹈舞图

7 长川一号墓菩萨

8 长川一号墓礼佛

9 长川一号墓飞天

67

10 长川一号墓主壁

11 四神墓玄武

12 五盔坟四号墓伏羲

13 五盔坟四号墓女娲

14 五盔坟四号墓青龙

何明

查里巴墓地是唐渤海早期粟末靺鞨的一处公共墓地。地处永吉县乌拉街镇查里巴村南约1千米处的漫岗上，近临第二松花江。

1987~1988年在该墓地的漫岗西部清理墓葬45座，出土文物近500余件。墓葬多数是长方形土坑竖穴墓。墓具以略经加工的原木或木板围做四壁做木棺。墓中有单人葬、双人葬与多人葬，流行二次葬，盛行火葬，墓内出土文物较丰富，但多寡相差悬殊。其中装饰品数量较多，还有陶器、兵器与马具等。陶器中多见筒形罐，俗称"靺鞨罐"，最具特点，样式繁多，以双唇花边锯齿附加堆纹常见。另外有鼓腹罐、长颈壶、盘口瓶、敛口钵等器物为基本组合。青铜牌饰较为引人注目，其中一套完整的牌饰腰带，制作精美，花纹细致，颇具特色。兵器和马具见有矛、镞、衔、镫。M27中出土的一枚"开元通宝"铜钱可资断代。

查里巴墓地是第二松花江沿岸一处重要的粟末靺鞨文化遗存，具有浓厚的地方特色，为研究这里的靺鞨文化有重要价值。

1　M31出土器物
2　双人合葬墓
3　查里巴靺鞨墓地发掘场景

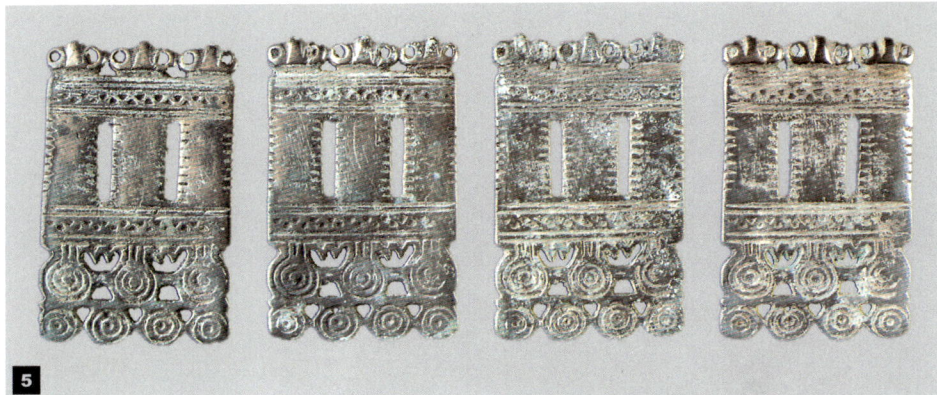

4　圆形铜牌饰　　　7　敞口宽边筒形罐
5　方形铜牌饰　　　8　鸟纹鼓腹罐
6　云头形铜牌饰　　9　敞口双唇筒形罐

六顶山墓群

王洪峰

六顶山墓群发现较早，由于唐渤海第三代王之女——贞惠公主墓碑的发现，1961年即被公布为全国重点文物保护单位。1959、1964年间又经两次发掘，对墓群的分布及内涵都有所了解，性质被认定为渤海王室贵族墓地。

2004~2005年，为制定墓群总体保护规划，我所进行了再次复查，同时清理了各类墓葬20余座。现可确认，六顶山墓葬总数远远超过以往记录的80余座，墓葬形制也非原来土坑和石室两类墓所能概括。大量存在于两墓区中的土坑墓中，相当一部分封土外包石的可以析出，单称为土坑包石墓。石室墓中由于绝大多数都没有墓道和盖顶石，亦应改称石圹墓和石椁墓。

工作期间，还就原来清理的11座石室墓的外部形制作了补充发掘，发现其中四座外面砌有整齐的外墙和排水沟，瓦件直落沟上和墙根，分析此四墓可能原无封土。而三号墓因这次清理时未见石室残迹，棺椁痕迹都在墓底土圹之中，疑为土坑包石墓而非石室墓。该墓顶部新发现的一座回廊式建筑的础石、泥墙和白灰地面，以及大量瓦件、壁画残块，已可印证史书中关于渤海人"冢上做屋"的记载。此外，在一墓区墓间空地上发现的多处石构台基和两处房址遗迹，为了解和认识渤海人的丧葬习俗提供了重要资料。

1　二区M126土坑边墓石

2　一区M5石室墓

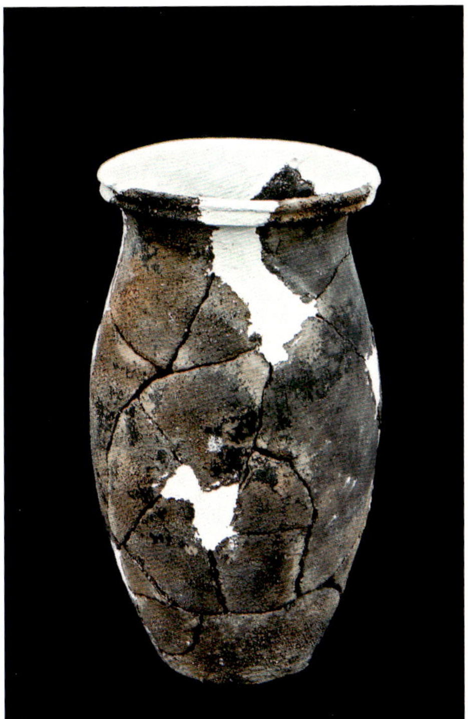

3

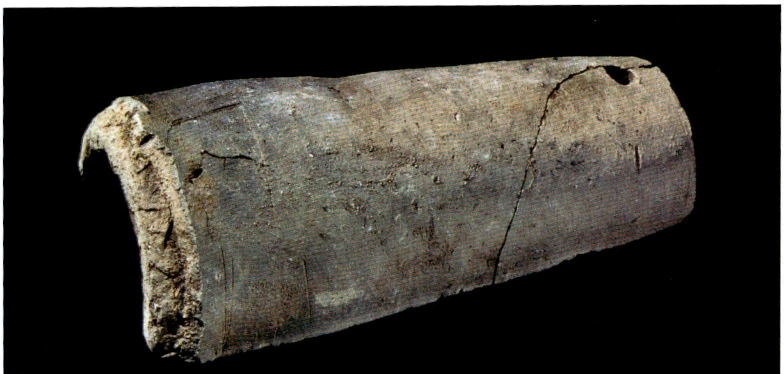

5

3 靺鞨罐
4 陶熏
5 墓上筒瓦
6 玉环
7 十字纹瓦当
8 兽面装饰瓦

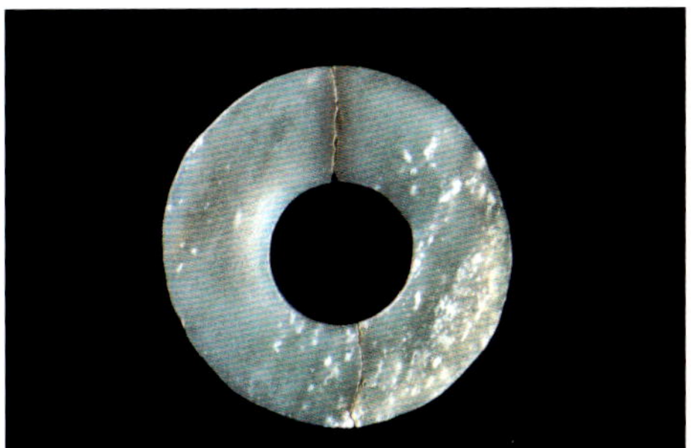

6

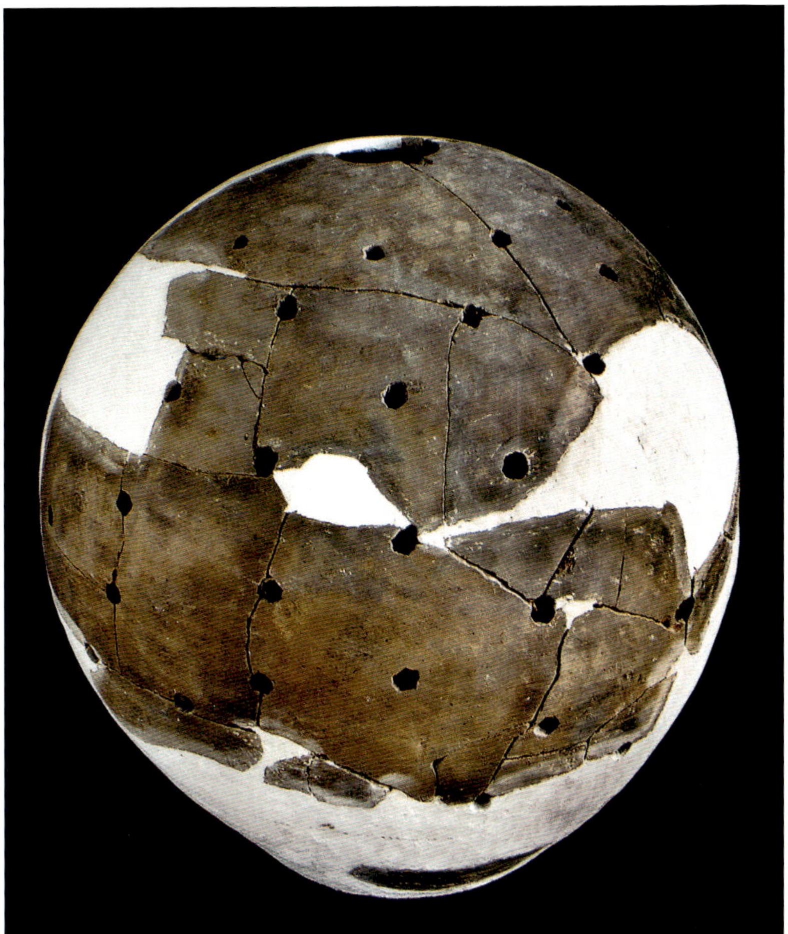

4

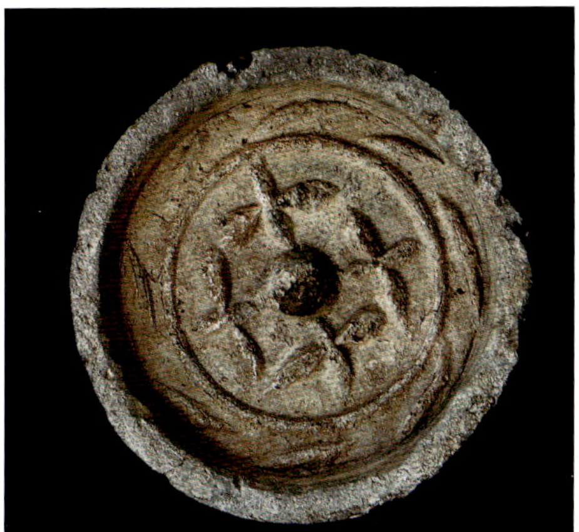

7

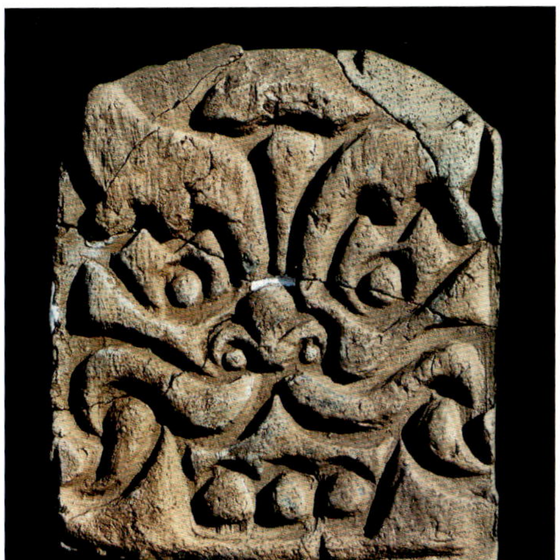

8

西古城城址

宋玉彬

西古城城址位于和龙市西城镇城南村古城屯，地处图们江支流海兰江流域头道平原的西北部，中心地理坐标为东经129°08′56.39″，北纬42°42′35.23″。早在20世纪初该城已见报道，东北沦陷时期被非法发掘，新中国成立后作过多次调查，现为全国重点文物保护单位。

西古城由内城、外城两部分组成。内、外城处于南北同一中轴线上，两者的平面均呈南北向纵长方形，内城位于外城的北半部居中位置。外城周长2720.7米，内城周长992.8米。2000~2005年，吉林省文物考古研究所对西古城城址进行了为期5年的主动性发掘。其中，2000~2002年的发掘，是"十五"期间"吉林省境内渤海都城址研究"学术课题的组成部分，2004~2005年的发掘，源于实施西古城的保护规划。

历时五年的发掘，清理了外城南墙门址、内城隔墙门址、内城水井、内城一号至五号宫殿址、一号房址。出土了大量的板瓦、筒瓦、鸱尾、兽头、套兽等建筑构件，其中包含一定数量的釉陶制品。在板瓦、筒瓦遗物中，还有大量的戳印文字瓦标本。

长期以来，学术界流行的西古城"渤海中京说"，由于缺少具体的佐证和依据而一直处于学术考据层面。根据发掘所获取的田野资料可以确认，西古城城址即唐代渤海国中京显德府故址。

西古城城址因发掘取得的全新成果，被评为2002年度"全国十大考古新发现"。

1 套兽　　3 鸱尾
2 兽头　　4 西古城全景

5　三号宫殿址

6、7　陶罐

8　一殿东侧廊庑及廊道

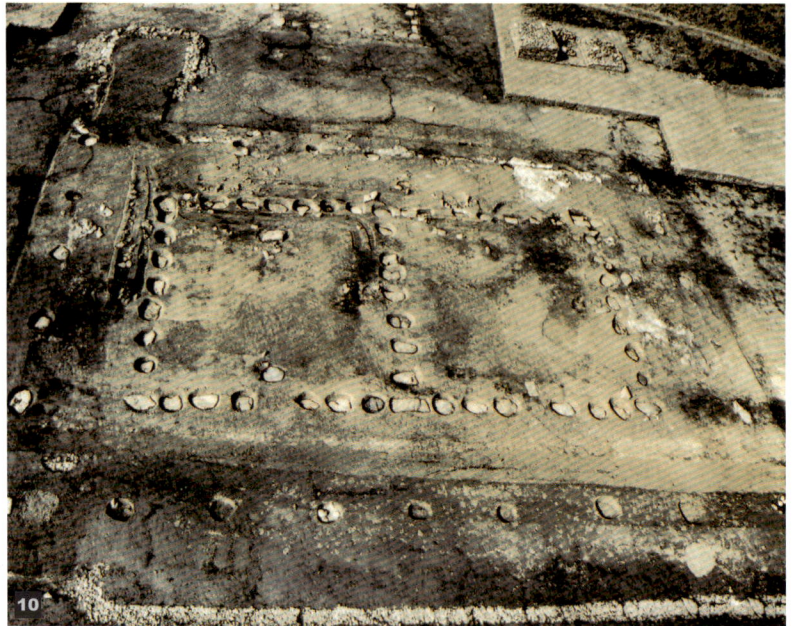

9　外城南门址

10　四号宫殿址

11　一、二殿全景

12　铁质护栏网

13　檐头筒瓦

14、15　瓦当

16　铁刀

17　铁镞

18　檐头板瓦

77

八连城

梁会丽

八连城位于珲春河冲积平原的西端珲春市国营农场境内，中心地理坐标为东经130°16′59″，北纬42°51′32″，平均高程36米。城址地处盆地，远山环抱，图们江在城西约2.5千米处由北向南流过。目前学术界普遍认为八连城为渤海国东京龙原府故址，现为全国重点文物保护单位。为配合大遗址保护工程，2004~2006年，吉林省文物考古研究所和吉林大学边疆考古研究中心联合对八连城址作了全面测绘，并对内城第一、第二殿址及其附属建筑进行了考古发掘。

八连城遗址有内外二城。外城为长方形，周长2894米；内城位于外城中央偏北，周长1072米。内城城墙基本保存完整，外城城墙除东墙北段以外都清晰可辨。1940年前后日本人曾对八连城进行过发掘，当时发掘的遗迹有：内城东、南、西3座门址及位于内城北部编号为第二至第八殿址的7处建筑遗址。本次发掘工作主要集中在第一、第二殿址。两殿址位于内城中轴线中部偏北，两殿间有起连通作用的廊道及中厅建筑，第一殿址两侧有与第二殿址两侧配殿相通的廊庑。由于年代久远，仅存土石混筑的地上建筑基址。局部保存有规整的护坡石。

八连城出土遗物基本为陶质建筑材料，包括泥质灰陶筒瓦、板瓦、瓦当、方砖、长方砖、花纹砖，绿釉红陶筒瓦、套兽等建筑饰件，还有少量石质建筑构件、陶器、铁钉等。

文献载，公元785~794年，渤海以东京为都。其建设仿照当时唐长安城。从城址规模、布局、主体建筑布局设计等方面比较，八连城城址与稍早的渤海中京显德府城址（和龙西古城）极为相似，较上京龙泉府则规模更小，大概与其营造和使用时间较短有关。八连城遗址的发掘，为渤海及东北亚都城研究提供了重要的考古资料。

1　第一殿址南部踏道（东南—西北）
2　套兽
3　宝相花纹砖
4　第一殿址东北角（东北—西南）
5　第一殿址北侧廊道及第二殿址（南—北）
6　"维次甘露元"纪年文字瓦
7　花草纹瓦当
8　檐头筒瓦
9　内城发掘区城全景（北—南）

5

6

7

8

9

龙头山古墓群

赵海龙

龙头山古墓群位于延边朝鲜族自治州和龙市头道镇南5千米的龙头山上，全国重点文物保护单位。墓群分龙海、龙湖、石国三个墓区，绵亘2千余米。其周边渤海遗迹丰富：西南5千米有渤海中京显德府遗址——西古城；东南3千米有杨木顶子山城；西8千米有北大墓葬；龙海墓区隔福洞河与蚕头城相望。

龙头山古墓群因1978年发现渤海文王之女贞孝公主墓及壁画而著名。1998年10月为制定墓群保护规划，延边州文物管理委员会办公室与延边博物馆对石国墓区一座遭破坏的墓葬进行了清理，发现是一座三穴同封石室墓。在该墓东西两侧尚未被盗的墓葬中出土有三彩女俑、绞胎瓷枕、鎏金卷云纹棺环等文物，引起了学术界的极大关注。2004~2005年，吉林省文物考古研究所、延边州文管办、延边博物馆、和龙市文物管理所因保护工程的需要，再次对龙头山古墓群龙海墓区进行了发掘，揭露出大中型墓葬14座，出土遗物数百件。其中最为重要的是所出土的两方石质墓志，极具研究价值。

保存完好的M13、M14修筑在一东西长42米、南北宽36米的夯土台基上，台基上大型础石排列有序，是一面阔3间、进深2间，外有回廊的建筑，台基四周散存大量莲花纹瓦当以及兽头等建筑材料，可知这是一处等级很高的建筑。两座墓葬东西并列位于建筑址的中央，墓室均以青砖错缝垒筑，用薄石板封盖，木棺已朽。M13出有漆奁、海兽葡萄纹镜等，M14出有金冠、皮革帽饰、金框玉带等。M10为一座塔墓，由地面上的砖塔和地下的墓葬（地宫）组成。砖塔不知何时己坍塌，只存塔基。形制大小基本与贞孝公主墓的塔基相同。该墓虽然被盗，但墓内扰乱的堆积中出土了近20件三彩男、女俑。为研究渤海人物形象、服饰、发饰以及渤海与中原的文化交流等提供了宝贵资料。

1　M10塔基残存情况
2　三彩女俑
3　瓷枕
4　棺环

2

3

4

5 龙头山墓群出土铜镜

6、7 龙头山墓群出土金玉腰带局部

8 龙头山墓群出土金腰带饰件

9 龙头山墓群异穴同封墓（俯视）

宝山—六道沟冶铜遗址

赵海龙

　　宝山-六道沟冶铜遗址位于临江市东南约70千米的宝山镇、六道沟镇、原临江铜矿辖内，分布范围近60平方千米，是渤海时期到金代连续使用的集开矿、冶炼、运输的大型冶铜遗址，现为全国重点文物保护单位。1998～2000年经国家文物局批准立项，吉林省文物考古研究所在调查的基础上对冶铜区进行了小规模发掘，2004、2005年又对古矿洞进行考察、发掘，取得了一批重要科学资料。

　　调查发现此范围内有古冶炼遗迹60余处，古码头1处，高句丽时期墓群1处，小型城址1处，古矿洞11处。五次工作共发掘冶铜址2处及冶铜炉4座，古矿洞3处，洞口附近渤海房址1处。因古矿洞工作条件艰难，未能完全揭露。出土少量陶器、铜器、铁器和陶片等。征集铜造像3件，从形制观察分属唐、辽、金同类造像风格。其中三号古矿洞发现的木标本经^{14}C年代测定为公元650±60年，推测其古铜矿开采或可早至高句丽时期。

1　三号炉
2　冶铜址远景

3　金代鎏金造像

4　唐代（渤海）铜造像

5　辽代铜造像

6~8　陶罐

灵光塔

傅佳欣

灵光塔位于长白县城区北山上，为一座方形楼阁式五层空心砖塔，因外形、结构与唐长安荐福寺塔（小雁塔）相似，确定为渤海时期遗迹。其本名已无考，清末地方修志时喻其如鲁之灵光殿而名之。全国重点文物保护单位。2004年因制定保护方案的需要，吉林省文物考古研究所对该塔进行了勘探和小规模清理，周边未发现寺庙等其他建筑遗迹。

灵光塔通体砖砌，底边长3.3米，正面开拱券门，向上逐层收分，层间以砖砌出檐，夹叠涩和菱角牙子，塔身2层以上有方龛和仿木棂窗，通高12.86米。1987年进行维修时发现塔基下有石盖顶的地宫，当时即进行了清理，出有鎏金铜饰件等少量遗物。在塔身底层四面嵌有花形图案文字砖，可环读为"王立国土"，此或与渤海设西京鸭绿府相关。

1

1　灵光塔
2　灵光塔北面第三层砖结构
3　灵光塔正面二层壶门

2

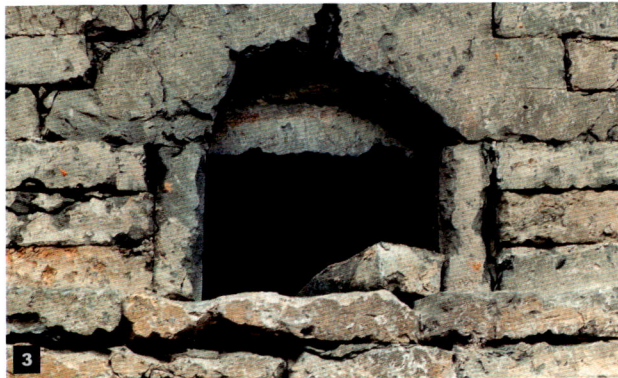

3

揽头窝堡遗址

宋玉彬

揽头窝堡遗址位于德惠市边岗乡丹城子村揽头窝堡屯，遗址地处第二松花江的两条支流伊通河与饮马河之间的一道狭长漫岗上。考古调查确认，该遗址是一处以金代遗存为主的古代遗址。

1998~1999年，在国家"九五"重点工程同（江）三（亚）高速公路施工建设期间，吉林省文物考古研究所对遗址实施了抢救性考古发掘，发掘面积4200平方米。

发掘清理出带有取暖设施的地面式房址12座，出土了大量陶、瓷、铁、骨质生活用器以及瓦、砖等建筑构件，还有较多不同年号的北宋、金代铜钱，可以确认揽头窝堡遗址是一处文化内涵单一的金代晚期聚落址。1998年揭露的F6面积约160余平方米，室内有储粮窖穴，"Π"形双灶火炕遗址中出土的翠蓝釉（孔雀蓝釉）瓷器，对于明确其始烧年代提供了可信的考古依据。

作为吉林省境内发掘规模较大的金代聚落遗址，其成果对于辨识东北地区的辽、金遗存提供了一批重要的断代参考资料。

1

2

1　铁质骑士饰件
2　11号房址
3　发掘现场
4　陶质建筑饰件
5、6　六号房址倒塌堆积
7　六号房址

3

4

5

6

7

8、9　瓦当

10　虎纹砖

11　檐头筒瓦

12　发掘现场

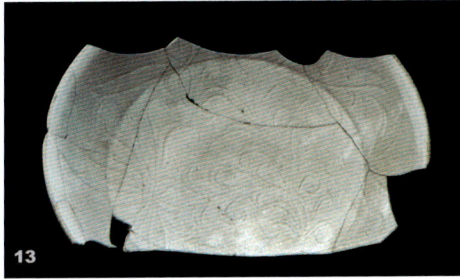

13　白瓷碗
14　孔雀蓝釉盘
15　白瓷碗
16　陶香炉
17　陶罐
18　陶罐

敦化敖东城

傅佳欣

敦化敖东城位于市区南部牡丹江左岸，吉林省文物保护单位。早年调查时有两重墙垣，现多无存。外城长方形，环周约1200米，内城近方形，周长约320米。以往研究中，学术界多认为是渤海早期都城，即渤海"旧国"之所在。2002年获国家教育部、国家文物局资助，吉林省文物考古研究所连续两年对古城进行了小规模发掘。

发掘分别在内城西部、外城西墙进行。内城发掘区堆积较单纯：耕土层下为间歇层，未见遗迹，生土上的第3层文化遗迹较丰富，均为金代遗存。共发现6个灰坑和3座房址，出土大量陶瓷片、兽骨、宋金铜钱、铁器及残件。其中F1保存较好，为东西长10余米、南北宽近7米的浅穴式房屋。房内隔为两间，分别修有高0.2、宽1.6米许的曲尺状双灶火炕。F2为长方形半地穴房屋，深0.8米余，亦有双灶火炕，两灶可区分取暖与炊事的不同功能。外城西墙的发掘以探沟形式进行，以期解决城墙的结构、年代问题。因墙下发现金代灰坑，可确认外城是金代或稍后修筑，而城内外的考古资料证明，敖东城与渤海都城无关。

1

2　　**3**

1　骨梳
2　骨簪
3　骨匙（勺）
4　一号房址

4

5　二号房址　　　8　陶盆

6　陶罐　　　　　9　三号房址中的灶址

7　陶多孔器

塔虎城

刘景文

塔虎城位于前郭县八郎乡北上台子村村北的松嫩平原上，是吉林省保存最好、面积最大的一座辽金古城。

2000年6～10月，吉林省文物考古研究所为配合长白公路拓宽建设，在城内公路的东西两侧发掘了5500多平方米，部分解剖了南瓮门及城墙。这次共发掘出房址65座，窖穴、灰坑87座，炼炉2座，窑2座，发现城内道路3段，出土文物1600余件。房址虽存在多组叠压、打破关系，但形制相近；多为土坯垒筑的单间，少量为二间、三间结构；多坐北朝南，部分朝东或朝西；都有明确的门道、柱洞、火炕、烟囱。火炕有多种形式。通过对瓮城和城墙的解剖，解决了瓮城、城墙的构筑方式、结构及建筑年代等问题。

出土器物种类繁多，有陶器、瓷器、骨器、铜器、铁器、玻璃器、石器、玉器、桦皮器等，以前三类居多。其中陶器300余件，以高火候轮制泥质灰陶、黑灰陶为主，多大型容器。瓷器500余件，多为北方民窑的白釉、黄白釉、黑釉瓷，亦有晶莹的中原定窑、钧窑器，器形多为碗、盘之类。

这次发掘出土的遗物多为典型的宋金时期器物，有些或许更晚。由于发掘区集中在中心南北古道两侧，有些石构火炕的建筑或许为后建的临街店铺、作坊。发掘获得的遗迹、遗物从一个侧面展示了金代女真人的建筑方式和平民的生活方式，也反映出金代城市的发展和经济的繁荣。大量的宋钱和精美的宋代中原瓷器等生活用品的出土，反映出金代与中原宋王朝既有不断的战争入侵，又有密不可分的经济、文化交流。

1　陶佛造像　　2　瓦当　　3　房址

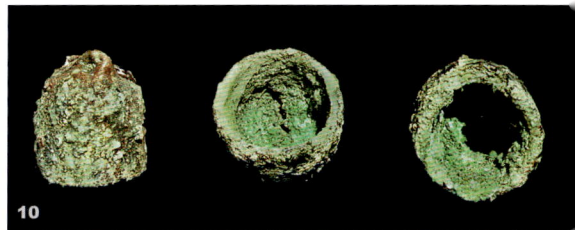

4、5 房址

6 南瓮城解剖情况

7 瓷人

8 陶鸡

9 骨梳

10 坩埚

11　陶瓮
12　陶盆
13　陶甑
14　陶罐
15　陶壶

16~20　瓷碗
21　瓷杯
22　双耳瓷罐
23　瓷钵
24　双耳瓷罐
25　瓷鸡腿瓶

查干吐莫辽墓群

庞志国

查干吐莫辽墓群位于前郭县套浩太乡查干吐莫村东北3千米。2004年7～8月，吉林省文物考古研究所配合公路建设对此墓地进行了清理，共发掘墓葬17座。其中，木椁墓1座，木棺墓2座，砖室墓14座。砖室墓墓圹多为长方形，墓由室、甬道、门、墓道组成。从形制上可以分为三种：A型4座，墓室为圆形，门为拱洞形，墓道斜坡式。B型7座，圹、室呈梯形，门多为拱洞形与墓道相联。C型3座，墓室呈椭圆形，顶为穹隆状。B型墓以M17保存较好，壁用单层砖平砌压缝，从墓底向上1.2米用砖抹角收隆。墓室三壁用砖镶嵌图案，北壁与墓门相对，壁上镶嵌大宅院门的图案。西壁嵌有窗户图案，东壁嵌有人像镇墓力士图案。

由于墓地早年多次被盗，发掘所获的遗物仅30余件。陶器有罐、盆、壶、瓶、灯。其中，彩绘瓶烧制前在泥胎上绘有白色、红色涡漩纹。瓷器为粗胎，釉色白中泛青，器形有碗、盘。铁器有匕、剪。漆器1件，装饰有红、黑两种颜色绘成的图案，器底有一行行书汉字。铜钱有"开元通宝"、"祥符元宝"等宋钱。

墓壁镶嵌宅院门楼，反映出北方契丹人的习俗和建造艺术的趣味，也是墓主人生前生活的真实写照。从出土铜钱和有汉字漆器不难看出，契丹与中原宋王朝有密切的经济、文化交往。

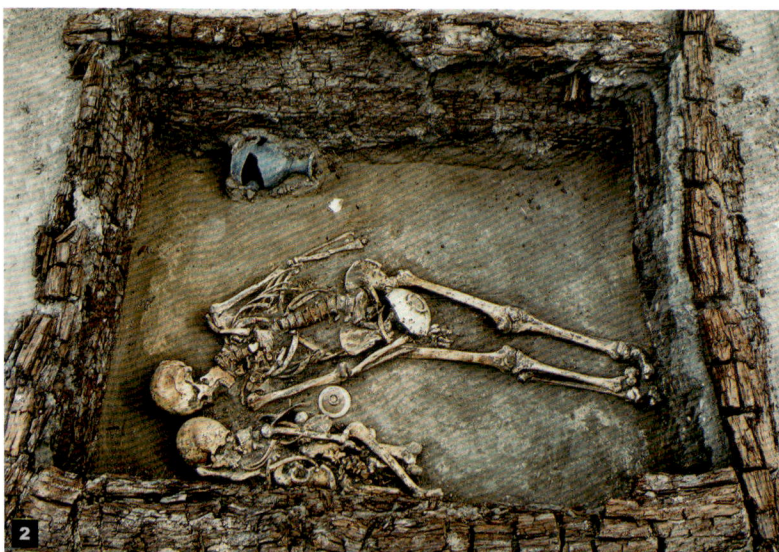

1 漆器
2 木椁墓
3 彩绘瓶
4 C型椭圆形墓

5　A型圆形墓

6　陶罐

7　陶罐

8　石环

9　瓷碗

庞志国

土城子明代墓葬位于松原市宁江区所在地西北8千米。1992年5~7月,吉林省文物考古研究所配合基本建设对此墓地进行了清理,共发掘墓葬76座。墓葬的形制为长方形,土坑竖穴,木棺。

随葬器物共1481件,可分为瓷(陶)器、铁器、铜器、金银器、骨器、石器、玉器、琉璃器、玛瑙器、木器、铜钱。瓷器分为两类:一类制作粗糙,造型厚重,釉色黑、酱为主,施釉不到底,器形以小口瓶、罐为主,储酒器具有地域性特点。另一类江西景德镇民窑瓷,完好者200余件。其中有青花、五彩、白瓷、龙泉青瓷四系:青花瓷多为盘、碗、碟、壶。五彩多为盘、碗、碟。白瓷多为碗、盘、碟、壶、盅。龙泉瓷胎厚重,釉色为黄、豆绿或褐色,多为盘、碗。铁器主要是生产工具和武器,如刀、匕、镰、锤、斧、锸、剪、镫、甲、镞。铜器主要是生活用具如匜、匙、饰件等。另有玉、水晶、玛瑙、琉璃、金、银等饰件。

土城子一带历史上是多民族聚居地,汉、契丹、渤海人长期居住在这里,又是女真人的发祥地,从墓地出土遗物中,不难看出东北地区各族与中原王朝频繁的经济交往。

中科院考古所对墓地棺木采样的^{14}C测定为公元1673±79年,墓葬属于明代晚期。

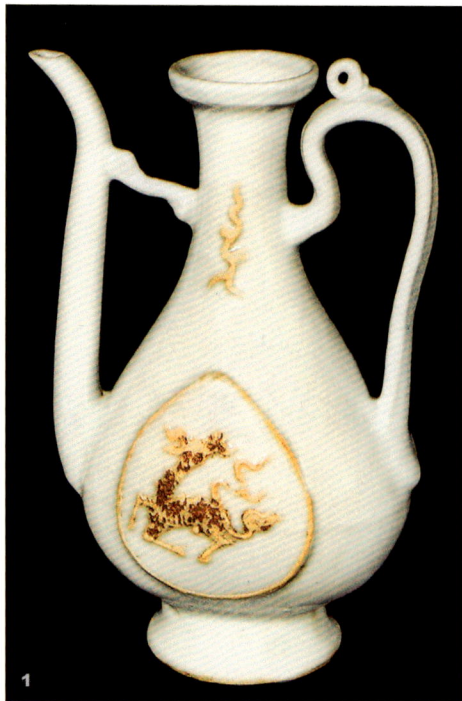

1　白釉描金麒麟执壶
2　M13
3　五彩水波鲤鱼藩莲纹碗
4　五彩莲花鹦鹉纹碗
5　青花瓷碗
6　龙泉黄釉碗

3

4

5

6

99

7　M11

8　M24

9　青花瓷盘

10　六出方庆菊花盘

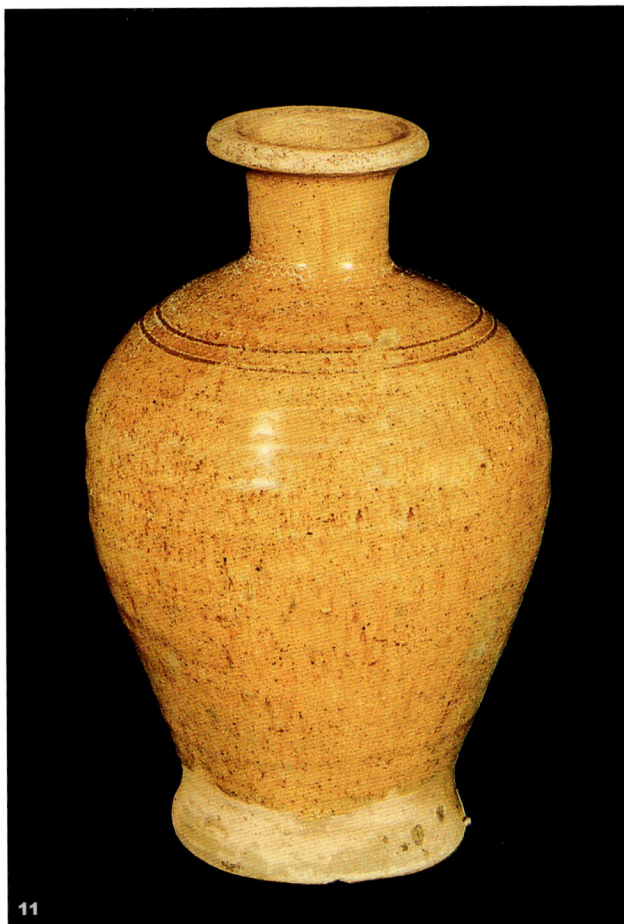

11　黄釉瓶
12　三彩瓶
13　五彩藩莲鱼纹盘
14　三彩鸡首鼠尾瓜棱壶
15　青花瓷罐

重庆市云阳县旧县坪遗址

王洪峰

旧县坪遗址位于三峡重庆库区云阳县双江镇建民村，坐落于三个相连的沿江台地上。云阳县重点文物保护单位。遗址面积约100万平方米，淹没面积约20万平方米，规划中被确定为库区A级考古项目。发掘区主要集中在海拔175米淹没线之下。自1999年吉林省文物考古研究所承担该项目并发现铸造遗址，直至2006年北城门遗址的清理，经过连续八年的发掘，业已证实该遗址即为汉、晋巴东郡胸忍县城的治所。

胸忍于战国晚期设县，至六朝时期治所迁出，于旧县坪一地，治理巴东郡的东鄙达600年。和内地县治的城市布局不同，胸忍城充分利用了三面临江一面依山的地势，城防多凭天险，只在北门一带夯筑有城墙，城内亦因地形所限，采用了分块布局的松散结构。

城内中、北部为战国至汉代的工业区。1999~2000年发掘中，先后发现了拌料池、化铜炉、烘范窑等遗迹，以及大量的陶、石残范和制范工具、铜渣、鼓风管、耐火砖等遗物。城东、南、西部为居住区。房址分布密集，但损毁破坏也很严重，先后出土有许多瓦和瓦当残件，以及日用铜、铁、陶、瓷器和历代铜钱。2001年清理的一个深达15.7米的窖穴中，出土有木简多件，其中一块长方形木牍上有隶书墨字50个，首行"四十年"应为秦昭王纪年，可谓秦灭巴后经营此地的明证。城内东南角为衙署区，2003~2004年先后发现了4个夯土建筑台基。保存最好的二号台基上，还留有六朝时期的一座建筑。该建筑坐北朝南，面阔3间，东侧有一辅助建筑，南边有一条砌筑整齐的砖构暗渠。房址保留有南北两墙基础和础石、磉墩遗迹，在同时期房址中级别最高，应为衙署所在。另外，该房址周围还出土了多件蛙形、兽形石雕础石，具有典型汉代风格，可知自汉时起这里即是官署的办公区。

六朝衙署遗址的东南不远处，2003~2004年先后发现两段残碑，对合后知碑高2.4米、宽0.95米。碑身环刻云纹，晕首有穿，碑额有金乌、玉兔、妇人倚门共三幅浮雕，两侧边有浮雕青龙、白虎图案。此碑立于东汉熹平二年（公元173年），是胸忍令雍陟为其前任永元年间县令，梓潼同乡景云所立的追思碑。全碑共367字，隶书工刻，字体凝重飘逸。此碑文字虽少于天津出土的鲜于璜碑，但制作之精，保存之好却是全国汉碑之最。

历年共出土文物数千件，有楚式戈、巴式钺、秦牍、汉陶、晋砖、唐瓷等，堪称峡江地区古代文化交融的重要地点。

1 景云碑
2 遗址全景

1

2

3　K区发掘场景　　　6　汉花纹砖

4　六朝四系瓷罐　　　7　几何纹图像砖

5　汉陶水管

8　六朝衙署遗址

9　汉"万岁未央"瓦当

10　汉卷云纹瓦当

11　战国陶器组合

12   13

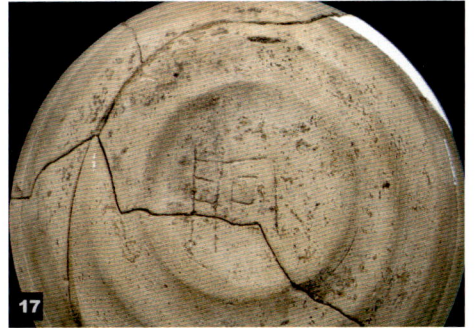

14

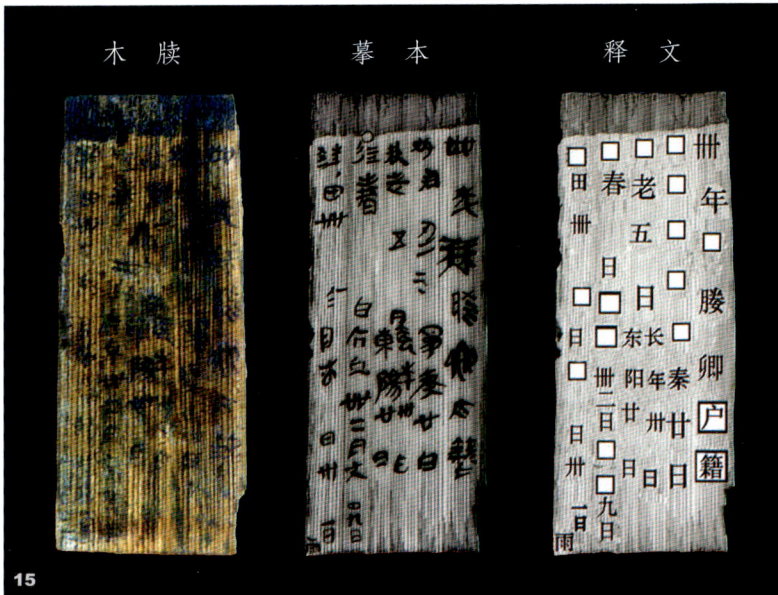

木牍   摹本   释文

15

18

12	"蛮夷邑长"铜印	16	石雕兽头
13	"军曲侯印"铜印	17	陶钵底"朐"字刻铭
14	铜镳斗	18	铜铙钟
15	S区K1出土木牍		

湖北省十堰市方滩遗址

王志刚

方滩遗址位于湖北省十堰市张湾区方滩乡方滩村，东南距十堰市区约50千米。遗址坐落在汉江最大的支流——堵河南岸的二级台地之上，北距堵河约120米。该遗址是南水北调中线工程丹江口水库淹没区C级考古发掘项目。2006年11月14日~2007年1月16日，吉林省文物考古研究所对其进行了抢救性发掘，发掘面积1202平方米。

遗址文化内涵丰富，出土有旧石器时代至宋元时期的遗物。遗址现存的主要遗存属商代和东周时期。商代遗存未见文化层，仅存1个灰坑，遗物多出自东周地层，均为陶器，以鬲为主，还可见罐、瓮、甗、盆。东周时期遗存数量较多，遗迹包括灰坑、沟、窑址。遗物多为陶器，鬲、豆为主，盆、盂、罐、瓮、甗等亦有发现。陶质工具有纺轮和网坠；石器均磨制，有斧、凿、锛、铲；铜器包括小刀、钗、耳环等。

鄂西北地区的商代遗存发现较少，方滩遗址出见的商代陶片与盘龙城相似，年代可至早商，为该区域商文化的研究提供了新材料。而东周时期的陶鬲，则具有明显楚式鬲特征。

1 东周陶窑
2 遗址发掘场景

河北省正定县永安遗址

王志刚

永安遗址位于河北省石家庄市正定县正定镇北贾村，南距正定县城约3千米。遗址呈长方形，地势平坦开阔。该遗址为南水北调中线工程（北）京石（家庄）段B级考古发掘项目，地面调查确认为商至宋时期遗址。2006年5月13日~8月4日，吉林省文物考古研究所对其进行了勘探和发掘。

本次发掘面积3640平方米，清理西周至明时期遗迹21个，包括墓葬、灰坑、灰沟、房址、井，出土陶、瓷、铜、铁、石等各类器物600余件。西周遗迹为一座半地穴式房址，房内出土西周时期绳纹钵、折肩罐等。汉代遗迹发现墓葬、灰坑、灰沟和水井。宋至明时期遗迹只见墓葬，多为小型贫民墓，仅两座圆形北宋墓规格较高。其墓室宽大、带有斜坡形阶梯墓道，墓内壁及棺床施有彩绘壁画、仿木雕砖，雕砖和壁画将阴宅复原为墓主人生前所住房屋的形态。此墓虽遭盗掘，残损严重，仍出土一些随葬品，包括白瓷盏托、碗、执壶、鎏金铜片等。

永安遗址面积和年代跨度很大，考古发掘所见遗物可以从西周时期延至近现代，证明永安遗址在各个时代一直是人类频繁活动的区域。但由于20世纪50年代此地进行的大面积深翻，遗址地层已遭较严重破坏，许多遗迹未能保留。

1 宋代壁画墓
2 宋墓随葬陶器
3 宋墓墓室侧壁雕砖

4　宋白瓷执壶

5　宋青瓷罐

6　绳纹陶钵

7　青瓷罐

8　陶钵

9　宋白瓷盏托

科技考古

贾 莹

考古发掘出土的金属文物，蕴含着丰富的技术内涵。多年来，我们利用金相显微镜和扫描电镜–X射线能谱仪等科技手段，对金属文物的微观组织结构和合金成分进行检测分析，揭示其加工工艺，在某些方面已获得重要突破。西团山文化猴石山遗址春秋战国时期青铜合金和铜砷合金的分析，确认了器物的地域特征。四川云阳旧县坪汉代遗址中等品位的冰铜的发现，使得该冶铸遗址在相邻遗址和墓葬聚落系统研究中占有非常重要的地位。丸都山城高句丽铁镞"生铁淋口"技术的发现，将该技术前推至4世纪，较之明代《天工开物》中的明确记载提前了一千多年；较之已见报道的宋代实例早六百余年。高句丽铁器材质包括韧性铸铁、铸铁脱碳钢、熟铁、炒钢，采用铸造、锻造、低碳钢和熟铁锻接、淬火等工艺成型及强化。渤海遗址出土的铁器研究表明，当时的工匠对低碳钢和熟铁材料的锻压性能以及热加工、渗碳、淬火等工艺有比较成熟的经验。这些基础研究，对于中国冶金发展体系的构建以及考古学研究的深化具有重要的学术意义。

1 四川云阳旧县坪汉代遗址出土中等品位冰铜，平均含铜42.86%，铁32.11%，硫25.03%。

2 集安丸都山城高句丽遗址出土铁镞03JWXT105②：12，中心为熟铁，表面为含碳量超过1%的生铁熔覆层，工艺上采用了"生铁淋口"技术。

3 延边和龙西古城渤海遗址出土铁钉02HXNIT2②：6未弯折顶端横断面组织，器物由含碳量大约为0.2%的低碳钢与熟铁叠加锻打并淬火。

责任印制：王少华

责任编辑：张广然

图书在版编目（ＣＩＰ）数据

田野考古集粹：吉林省文物考古研究所成立二十五周年纪念/吉林省文物考古研究所编.—北京：文物出版社，2008.11

ISBN 978-7-5010-2567-1

Ⅰ.田… Ⅱ.吉… Ⅲ.文物－考古－吉林省 Ⅳ.K872.34

中国版本图书馆CIP数据核字（2008）第120107号

田野考古集粹

吉林省文物考古研究所成立二十五周年纪念

吉林省文物考古研究所　编

文物出版社出版发行

（北京东直门内北小街 2 号楼　邮政编码 100007）

http://www.wenwu.com

E—mail: web@wenwu.com

北京图文天地制版印刷有限公司印制

新华书店经销

889×1194　1/16　印张：7.25

2008年11月第1版　2008年11月第1次印刷

ISBN 978-7-5010-2567-1

定价：150.00元